九州・沖縄　食文化の十字路

豊田謙二

築地書館

はじめに

口から体に入れるものを食と呼ぶ。これが食の定義だ。

ある認知症介護での看取りの現場である。スタッフは祈るようにしてお年寄りの口にミキサー食を運ぶ。飲みこんでくれると安堵の空気がお年寄りの周囲に漂う。お年寄りが口から食べられなくなると、一般的には経管栄養という医療措置がとられることになる。このお年寄りに関しては家族とスタッフの間に介護観が共有されていて、そうした医療的措置はとられないのである。つまり、お年寄りが食をとれなくなると、それは自然な死を迎えることを意味する。

食はまさに命であり、体をつくるものである。このことは当然のようであって、その重要性を自覚できる機会は、じつはとても少ないのである。

本書の冒頭において「薬膳」を取り上げたのは、東アジアの食文化圏での「医食同源」の伝統をまずは顧みたいと思ったからである。今日の日本の食生活のなかではその伝統性はすっかり消えてしまっているが、つい最近まで「薬草図鑑」が家庭に備えられ、医者いらずの生活が実践されていたのでるらしい。「薬膳」が日常食から消えてしまっているのは、本家本元の韓国や中国の食事情でも同じである。

そうだとすると、食の問題性は、市場のグローバル化という現代的世界経済の進行のなかで考察する必要がありそうである。今日のグローバリゼーションが巨大な意味をもつのは、生活圏でのローカルな生産と消費が市場を介して世界経済と連動しているからである。九州・沖縄は今日の意味での世界とは同じではないが、それぞれの時代において、食文化を介して世界とつながっていたのである。そのことは、日本列島のほかの地域と比べても、交流の意義はきわめて大きなものである。それは九州・沖縄の食文化における顕著で基本的な特性を意味している。

本書では食文化の考察にあたって、それを過去から現在へと積み上げられた「層」としてとらえようとしている。

まず、紀元前の弥生文化期に北部九州に水稲文化が導入される。それが食文化層の基底を形成する「主食」としての米である。さらに仏教による列島の統治の過程で、六七五（天武四）年に牛、馬、犬、猿、鶏の肉食禁止令が公布され、一八七二（明治五）年の肉食解禁まで、公式には約一二〇〇年の間肉食から遠ざけられたのである。その間、庶民の食卓では米を中心とし肉食でない主菜が組み合わされてきた。

もっとも、肉食禁止の食卓とはいっても、禅宗などの宗教的影響や中国文化、さらに朝鮮半島との交流などによって地域での食文化を形成してきたのである。食材が伝えられても、直ちにその食材が伝えられた地域で生産が軌道にのるわけではない。重要なことはその伝えられた食材の食べ方である。つまり、調理をして食卓に載せる調理法が必要なのである。生産と消費、そしてそれをつなぐ調理能力、その総体を「食卓のテクノロジー」と呼び、最重要視したい。

したがって、Ⅱ章以下では地域的特色を浮き彫りにする視点で、食と焼酎を取り上げる。その特色づけにおいて可能な限り調理方法や飲食方法などの食卓文化にも言及している。九州・沖縄はとくに、蒸留酒、つまり焼酎や泡盛の食卓文化を継承している。筆者は長い間焼酎の研究にかかわっているが、今回の調査研究では地域での焼酎ブランドを訪ね、これも地域的・歴史的文化の背景を掘りだそうと試みている。また、朝鮮半島の「安東《アンドン》焼酎」と「壱岐《いき》焼酎」との親和性を確認できたことはうれしいことである。焼酎の導入経路を沖縄からとする「南回り文化」だけでなく、中国から朝鮮半島経由でのいわば「北回り文化」の研究の端緒ができたからである。

中国や朝鮮の食文化との比較で目につくのは、九州では食材を生で、野菜や魚はもちろんのこと、鶏、牛、さらに馬などを生で食すことへの強い嗜好を痛感するのである。そうした「生食主義」が九州だけなのか、それともこの列島での食の伝統なのかはいまは定かではない。また、隣りあわせの地域間での食文化の相違にも驚かされる。宗教的、あるいは祭事や行事などで地区ごとにまとまって行動してきたなごりなのであろうか。Ⅲ章では地域の「食」の不思議な個性に精一杯手を差し伸べてみた。

Ⅳ章では薩摩焼酎の知られざる歩みを、これは中央史ではなく地方史の視点から発掘しようとしたものである。

調査研究のあいだに突き起こされてきた新しい課題を見据えながら、本書で研究途上の一端を披露させていただくことにしたい。

初出原稿を採録するにあたり再考し慎重を期したものの、思わぬ勘違いや資料などの読み違いがありはしないかと、恐れている。読者のご叱正とご教示を賜ればまことに幸いである。

目次

Ⅲ章　食文化の十字路

Ⅳ章　薩摩焼酎の時代史

Ⅰ章　韓国の薬膳

医女チャングムの医術と薬膳

テレビドラマ「宮廷女官チャングムの誓い」は大きな反響と高い評価を受け、改めて近くて遠い韓国の歴史や文化、とくに韓国宮廷料理への高い関心を誘った。このドラマは実在の人物をテーマに扱ってはいるものの、ストーリーはもちろんフィクションである。そのドラマに刺激されたわけではないだろうが、近年では、わが国での健康志向の高まりもあって、韓国の薬膳への関心度が高まっている。そうはいっても、薬膳では中国漢方がわが国ではよく知られ、韓国の「韓方」「韓医」や「韓国薬膳」はまだあまり知られていない。

本章のねらいは、「予防医学」の一環として、現代韓国の食と健康づくりとの関係を考察することにある。だが食が健康に、つまり人体にどのように影響するかは、個々人を対象とする場合でも、あるいはある特定の層や集団を対象とするにしても、その効果を取り出して実証的に明らかにすることは難しい。人体は、「食」による体づくりを基本とはするものの、同時に人間自身が形成する多くの多様な社会環境の影響を強く受けるからである。

ここでは、韓国の食をめぐりながら、健康づくりのなかでの食が生活のなかでどのように位置づけられ、また健康的な食それ自体がどのように調理されているのか、さらに、そうした食に関する思想や行動様式は東洋医学としてくくられているが、その性格は西洋医学に対してどのような現代的意義をもつのか、そうした諸点について考察したいと思う。

韓国ツアーの旅行案内チラシを見ると、いずれのツアーでも「食」が観光の目玉商品となっているようである。韓国宮廷料理の豪華なメニューと色彩の華やかさが大きな反響を呼んでいるわけだが、同時に李氏朝鮮王朝期（一三九二〜一九一〇年）の料理は薬膳で構成されていたのが特徴的である。その薬膳が、「漢方」と「ツボ」とともに中国起源の四〇〇〇年におよぶ東洋医学の伝統を継承しているのである。

東洋医学と西洋医学の対比とともに、中国の薬膳と韓国のそれとの対比も重要な課題である。さしあたり、次のように表現しておきたい。つまり韓国では、伝統料理そのものが「医食同源」の考え方に依拠しており、伝統料理を「薬膳」という表現でくることは、今日的に必要な統一的な、近代的な標記である。

薬膳としての韓国料理を歴史的に顧みる時、「チャングムの誓い」での記述は非常に有益である。宮廷料理に関して、今日、参考に耐えうる韓国薬膳の日本語文献は非常に乏しいからである。ここではより史実に近いと思われる「チャングムの誓い」の『実録版』(1)に拠りつつ、当時の宮廷料理とその思想を再現することにしたい。

長今《チャングム》は、朝鮮王朝第一一代国王中宗《チュンジョン》の女医として仕え、「大《テ》」の称号を受けるほどに遇された実在の人物である。この朝鮮王朝期では、古代から栄華を誇り肉食を禁じた仏教はすっかり衰退し、代わって肉食自由な儒学の時代へと転換していた。

ある宴会の席で生牛肉を使う「肉膾《ユッケ》」が原因で食中毒が発生した。チャングムはその治療に韓方の医術を使った。軽微な場合には「伏龍肝《ぶくりゅうかん》」の粉を水に溶いて飲む。その粉は多年にわたって火で焼かれたかまどの底にこびりついて黄色く変色した土である。ただし、重い中毒の場合には、食した家畜の種類で処方箋が異なる。馬や牛では「甘草《かんぞう》」、犬は「杏仁《あんにん》」、猪では「大黄湯《だいおうとう》」、という具合である。(2)

チャングムは一一歳の時に宮内職に上がり王と王妃に仕えたが、昼は宮中の歴史などの素養を、夜に居所に戻ると水刺間《スラッカン》、つまり王の食事の担当女官から料理の教えを受けるのであった。

「朝鮮の料理、いや宮内の料理は薬食といって、料理そのものを薬のように考えている。そして、すべての食べ物は見た目も美しくなければならないが、これは五行の色に合わせるのが慣わしだ。(3)」

「五行」とは、黒、白、黄、赤、緑の五色を表わす。毎日一日の食のなかに五つの色を含むこと、その基準に合わせて食材とメニューが決定される。たとえば、以下のような食材である。(4)

黒：海苔、もずく、シイタケ、昆布、黒ゴマなど

白：イカ、カニ、鶏肉、白米、サトイモ、大根、タケノコなど

黄：卵の黄身、カボチャ、トウモロコシ、ミカン、柿、クリなど

赤：牛肉、馬肉、豚肉、マグロ、カツオ、サケ、トマトなど
緑：ホウレンソウ、小松菜、春菊、菜の花、ニラ、枝豆など

食材と調理にもう一つの基準がある。「陰」と「陽」である。

人間や食材などの性状や動きの方向性において相反するものを区分して、一方を「陰」、他方を「陽」と呼ぶ。「陰」とは制止的なもの、下降的なもの、寒冷的なものを指し、「陽」とは活動的なもの、上昇的なもの、温熱的なものを指す。

この「陰」と「陽」に関する記述が残る、最も古い中国医学書に『黄帝内経素問《こうていだいけいそもん》』がある。これは紀元前八～三世紀の春秋戦国の時代のものというから、日本列島は旧石器の時代、その時代にこの書にはすでに薬膳による治療が記されていたのだ。[5] たとえば、「従陰陽則生、逆之則死」とあり、「「陰」と「陽」に従えば生きられるし、逆らえば死ぬ[6]」というのである。

王の夕食は「一二御膳」であった。その内訳は、ご飯が二種類で白飯と紅飯《ホンバン》（小豆の煮汁で炊いたもち米ご飯）、汁物が二種類でワカメ汁と牛骨の汁である。そのほかに一二種類の饌品物《チャンムル》が蓋つきの浅い皿に盛られる。品数と量が多く思われがちだが、下げられた膳の残りものは調理人の官女の食となり、夕飯は翌朝の朝食に、朝食は夕食となるのである。[7] 朝食は粥《かゆ》であり、薄い澱粉の粥、松の実粥、ゴマ粥、牛乳粥である。夜食には果物や食醯《シッケ》（麦芽と米を発酵させた飲み物）などが供されたようで

である。[8]

宮廷料理に「陰」と「陽」の基準が貫かれているのは、もちろんのことである。人間の体も「陰」と「陽」に区分されていて、五臓（心・肺・脾・肝・腎）は「陰」、六腑（胆・胃・小腸・大腸・膀胱・三焦《さんしょう》）は「陽」であり、さらに内臓内のそれぞれが「陰」と「陽」とに分けられている。「人は生まれて形あり、陰陽を離れず」（『素問・宝命全形論』）とある。[9]

食は薬なり、という格言の伝承は健康の保持であり、疾病の予防である。ところが、食は健康を害するだけでなく死に至らしめることもある。食べ合わせである。少し長いが引用しよう。師の扁秀《ピョンス》がチャングムに語り教える場面である。

「食べ物にはお互いに相性というものがある。ある食べ物は互いに調和して味を引き立てたり、あるものは互いの味を損ねたりもする。……特に、相反する食材は一歩間違えば命をなくす事もあるので良く心得なくてはならない。……宮中では匂いと味を試す儀式があるであろう。……しかし、そういった匂いと味では識別できない方法で人を殺傷することもできるのが食材同士の相性、つまり食べ合わせというものだ。[10]」

医術の修得過程は、上記のような「食べ合わせ」などを含み、韓医たる医術の範囲はじつに広い。しかも、女性が韓医としての専門職に就けることも、当時の日本の状況を顧みると先進的である。女医には湯薬の調合、鍼灸法そして韓方による治療、さらに調理に使用する「水」に関する知識も要求されていた。

朝鮮半島とは、北部九州が古代から長い時代にわたる交流の歴史をもつ。だが、韓国と日本との食文化を含む相違は非常に大きい。時代を遡って、江戸期の「鎖国」の時代にあっては、釜山の「倭館」に四〇〇～五〇〇人の日本人が常時居住していた。監督官庁は対馬《つしま》藩《はん》宗家《そうけ》である。

もう一つ、近世を代表する日朝交流は一六〇七～一八一一年までの一二回におよぶ「朝鮮通信使」である。鄭大聲著『食文化の中の日本と朝鮮』[11]によれば、サツマイモは朝鮮語では「コグマ」と呼ばれ、その原意は「孝行芋」であり、日本へは朝鮮半島との交流のなかで伝わったという。

当時の「通信使」は総員五〇〇名におよぶ大世帯で、しかも江戸までの長い旅程を通じて朝鮮料理が振る舞われたのである。朝鮮料理には多くの家畜を使うが、その時代には牛や豚の食習慣がなかっただけに、接待に使用する猪や鹿の確保には莫大な資金と労力を要したという。「通信使」接待の監督官庁も対馬藩であり、「倭館」はその意味で接待食を研究する場として格好の重要性を秘めていたわけである[12]。

朝鮮半島と日本列島との有史以来の長い交流史にもかかわらず、朝鮮半島の文化、とくに食に関する情報は今日でもきわめて乏しい。その理由の一つとして考えられるのは、秀吉による朝鮮出兵や日韓併合など近世以降の日本の半島侵略が、民衆レベルでの相互理解と交流を妨げたのではないだろうかということだ。

ここ数年、「韓流」がブームとなってきたものの、そのブームは演出元のメディア情報操作に翻弄されているだけで、日韓の交流を「お買い物交流」だけに終わらせたくないものである。地域レベル、そして民間レベルでの相互交流と相互理解の試みを、「インターナショナル」ではなく「インターローカリティ」として構築する必要があると思われる。

伝統食の基本的特徴

食の基本形

家畜を飼育するかどうか、その家畜をどのように食すのか、ここにまず、食文化の特性を左右する大きな岐路がある。

肉食を禁じたのは仏教である。日本列島では六七五年に肉食禁止令が発布され、さらに七三〇（天平二）年に家畜の殺生肉食禁断の詔が、聖武天皇によって発せられた。仏教の「慈」の思想によって国を統治すること、その一環として牛、馬、猿、鶏の肉食を禁じたのである。そのうち魚も禁断の対象とされるが、豚の名がない。安達巖は、豚は肉食の中心として食べられていたのだが、すでに七三〇年以前に豚の飼育が禁じられていたので詔にはあえて記載されなかった、との説をとる。[13]

この時代からじつに明治維新までのおよそ一一〇〇年のあいだ、この列島では公式に肉食が禁じられたのである。一八七二（明治五）年に、明治天皇が肉食したことが新聞に大きく掲載され、西欧食への転換を図ろうとした。肉食禁止は動物性たんぱく質の摂取幅をきわめて狭くしてしまった点で、重大な過誤であった。

朝鮮半島では、五二九年新羅《しらぎ》で動物殺生禁止令、五九九年百済《くだら》で殺生禁止令、そして九六八年と九八八年に高麗《こうらい》政府が屠殺禁止令を発した。一三世紀以降になると遊牧民族の勢力が強まり、大陸と朝鮮半島はモンゴル帝国の領内に組みこまれた。モンゴル騎馬民族の家畜は動く食料であり、元《げん》の統治下で朝鮮農耕民族は肉食の調理法や家畜の飼育法を学ぶ機会を得るのである。[14]

今日の韓国料理には、野菜や魚はもちろん肉類のメニューも豊富であるが、それはこうした固有の食文化史故のことである。

韓国の主食は米。「米の飯に肉の汁、絹《きぬ》の衣《ころも》に瓦屋根の家」が韓国での文化生活の目標だ、と鄭大聲は言う。米への執着は日本、朝鮮、中国の共通する食文化である。

米といってもわが国とは食べ方が異なる。韓国料理では雑穀飯が多く、その典型が「薬飯《ヤクパッ》」である。

もち米、小豆《あずき》、ナツメ、松の実、クルミ、粟《あわ》、肉桂《にっけい》、蜂蜜、醤油、ゴマ油などを混ぜた高級な五目かやくご飯である。これは宮廷料理の一つという。[15] 米飯のなかにはこのような混ぜご飯の種類が多い。残り飯に海の幸と山の幸を入れ、これにゴマ油と唐辛子をきかせて、しっかり混ぜ合わせるのである。そして、匙で食すのである。

飯を匙で食すのは、わが国では幼児食や病院の重湯食を思い起こすためもあってか、日常の食卓で好む人はまずいない。食卓に匙が置かれるのは、朝鮮と中国である。飛鳥時代に箸、匙、そして器が中国から伝えられたというが、そのうちにこの列島の人々は匙を捨て、箸だけで食す文化をつくりあげてきた。匙を捨てたのは、中国や朝鮮では必須の「粥」がわが国の食卓から消えたからである。わが国では粥が消え、米を箸で、しかも食器を手に持って、時には口につけて食す、東アジア・欧米の食卓からみるとはなはだ無作法な食習慣が一般的となったのである。

また、膳の形式が韓国とわが国では異なる。一六世紀の日本文化を観察して紀行文を草した、ルイス・フロイスは次のように西欧と日本を比較する。

「われわれの食卓は食物をならべる前から置いてある。(日本の) 彼らの食卓は食物を載せて台所から運ばれてくる。[16]」

膳に料理を載せて運び、食事が終わると膳は下げられる。この点は日韓で共通であるが、今日の韓国料理では、料理のすべてが食べはじめる前に並べられるのが基本である。わが国では、とくに改まった席においては、食の進み具合に合わせて料理が順次差し替えられる。食文化は料理だけではなく、食器や食卓、あるいは席の着き方など、多様な伝統性や地域性を包みこんでいる。食は「薬」という観念は食文化の個性も表現するものである。

食の基本思想

食は薬膳、そしてその薬膳は「四性五味」の思想で説明されている。この基本思想について少し説明が必要であるが、まず中国薬膳の考え方を紹介しよう。

「四性」は「四気」とも呼ばれている。あらゆる食物や薬物の性格や性能はこの「気」と「味」によって説明することができる。

「四性」とは、食物や薬物における品温の程度を表わし、熱・温・涼・寒と区別する。温と涼の間に「平」を入れて普通とする。したがって、「五性」という場合もある。人間の体温と食物の品温との関係を二つの基本軸として、治療や健康づくりに組み合わせるのである。「熱証」の症状、たとえば、口が渇いて水をよく飲む、冷たいものを欲しがる、発熱していらいらし顔が赤い、という症状が表われた場合には、寒・涼の性質をもつ食物、シソの葉やショウガ、あるいはネギなどを用いて治療する、という[17]。

「五味」とは、辛味（からい）、酸味（すっぱい）、苦味（にがい）、甘味（あまい）、鹹味《かんみ》（塩からい）の五つである。それぞれの効能と食物は以下の通りである。

五味の薬効

辛味　全身の「気」や「水」を調整する代謝作用がある。鼻、呼吸器によい。ショウガ、唐辛子、ニラ、ニンニク、セリなど

酸味　「気」や「血」のめぐりをよくする。肝臓、胆嚢《たんのう》、目、自律神経によい。杏《あんず》、レモン、ユズ、梅、トマト、鯖など

苦味　心や感情などの精神活動をつかさどる。舌、脳、血管によい。セロリ、カブ、ウド、ゴボウなど

甘味　消化器全体の働きをよくする。胃腸、免疫力、筋肉によい。ソラマメ、サツマイモ、サトイモなど

鹹味　体内の水分代謝のコントロールを行なう。耳、膀胱、骨によい。昆布、海苔、醤油、イカ、カニなど

五味の食物や薬物は、体内の循環を促すための代謝のコントロールに添う薬効として使用されているのである。(18)

韓国伝統料理の基本形

日常食

朝食：一日のなかで最も大切な食事、肉や魚料理に一〇品以上の副食をつける。
昼食：軽くすませて、麺床《ミョンサン》や粥が食される。
夕食：主食の米料理を中心として、副菜を奇数個つけるのがふつうである。

季節食

朝鮮半島では、四つの季節の寒暖差は大きく、とくに大邱《テグ》・慶北《ケイホク》地域では酷暑（三六度）と酷寒（マイナス一五度）の温度差が五〇度にもおよぶ。それだけに自然環境や生活環境の変化は季節によって大きく、季節ごとの健康管理にも大きな関心を払わねばならない。

食材や料理が、これは夏のもの、こちらは冬のもの、というように基本的に区別されているのは、こうした地域特性のためである。

食材は「陰」と「陽」とに区別され、四つの季節に対応して組み合わされる。たとえば、夏の暑さに火照る体には「陰」の食材を、冬の冷えきった体には「陽」の食材が食されねばならない。自然のなかの人間の代謝に即した考え方であり、自然の理に適っている。

「陰」の食材には、キュウリ、ナス、トマト、ニガウリ、タケノコなどの夏野菜類と肉類では、豚肉、鴨肉など。魚介類では、アサリ、ハマグリ、カキ、カニなど。

「陽」の食材では、カボチャ、キャベツ、小松菜、タマネギ、長ネギ、ニラ、菜の花、ピーマンなど。肉類では羊肉、牛肉、鶏肉、鶏卵など、魚介類はイワシ、アジなどである。(19)

夏の代表的な料理を挙げよう。

真夏の暑い時期には、わが国ではうなぎの蒲焼が人気食であるが、韓国では「蔘鶏湯《サムゲタン》」である。

サムゲタンは、若鶏の腹を開き、中に高麗人参やもち米、さらに薬物として「呂精子《ろせいし》」「枸杞子《くこし》」「天麻《てんま》」「大蒜《にんにく》」「當歸《とうき》」などを詰めて、塩味スープでじっくり煮こむ。鶏の骨まで柔らか

蔘鶏湯（サムゲタン）

く、あっさりしていながら、コクのある旨み。鶏を烏骨鶏に変えたり、薬物を追加したりするバージョンもある。

その効能について、大邱韓医大学校の薬膳専門研究者、金美《キムミ》林《リン》教授は以下のようにまとめている。

サムゲタンの総合薬効

*精神を安定させて記憶力を増進させる薬膳である。

*瘀血《おけつ》（固まった血液）を除去し、新血をつくって婦人科疾患を予防する薬膳である。

*肝、腎を補い、目がよくなる。老化を防止して精力を増強させる。

*陰虚による糖尿、結核、更年期総合症、乾燥症などに効果がある。

*動脈硬化の改善と高血圧、中風を予防し、気血のすべてを補うことで虚弱体質に最も効果的である[20]。

肉をほぐし、中の具と一緒に取り分けていただく

疾病予防と薬膳食

ナムル：食物繊維を食す

青野菜に含まれている葉緑素の化学構造では、四つのピロール核の中心にMg（マグネシウム）が座っている。このMgをFe（鉄）に置き換えると、血の血色素となる。つまり、葉緑素を多く含む青野菜を食すと血液がきれいになるわけである。[21] 青野菜は、葉緑素のほかに、ミネラル、ビタミン、そして食物繊維を含む。ワカメなどの海藻も、海の野菜である。そうはいっても、青野菜や海藻を上手に食べるには調理の工夫が必要である。

韓国料理には「ナムル」や「スープ」が必ず加えられる。まさに食物繊維を取りこむ食の戦略である。少し事例を挙げて紹介しよう。

「ナムル」は和食風にいえば、野菜の和え物である。キムチ同様にその種類は多く、味つけも家庭ごとにさまざまなバージョンがある。主原料には、ナス、大豆モヤシ、大根、ニラ、春菊、タケノコなど野菜のすべてが可能である。

ここでは小松菜のナムルのつくり方を簡単に紹介しよう。小松菜をゆでて冷水にとり、水気をよくきって食べやすい長さに切る。塩で小松菜を軽くもみ、ゴマ油、醤油、おろしニンニク、すりゴマを合わせてもみこむ。(22) この調理の特徴は、ニンニクとゴマ油である。

「ワカメスープ」は、韓国では、妊婦が出産後最初に口にする食であり、また毎日でも食卓に載るものとして、日常食の定番である。

ゴマ油は「ナムル」や「スープ」の調味料に欠かせないものであり、香りを活かし、塩分を抑えた旨みを演出できるのである。

粥：日常の基本食

粥は宮廷料理にも立派に位置づけられていた。再び、『実録 チャングムの誓い』から引用しよう。教育過程のなかで、王と王妃の早朝の食を訓育尚宮《フニュクサングン》に尋ねられて、チャングムが返答する場面である。「薄い澱粉の粥をはじめ、松の実粥、胡麻粥、牛乳粥のような料理でございます。またお昼はそうめんが入った味噌汁や茶菓を出し、夜食としては果物や食醯などをだします。(23)」

粥は伝統的に朝食のものであるらしい。粥の食材として、とくに秋から冬にかけて、木の実が使われることも多い。たとえば、「ナツメ粥」は水に浸したナツメの種を煮こみ、さらに冷ましてミキサーにかけて粉砕する。これにもち米の粉を一握り入れて、弱火でかき混ぜながらとろみをつける。この粥に少し塩を振って食す。(24)

キムチ：腸内細菌の力を大切に

白菜・大根・唐辛子・ニンニク・ショウガ、それに塩辛が加えられる。塩辛は動物性の発酵食品であり、生ものである。キムチの特色は野菜の漬物に塩辛を合わせる点にあるという。さらに、唐辛子のカプサイシンが交感神経を刺激して、発汗を促し、エネルギー代謝を活発にする。こうして体脂肪を燃焼させ、血行を促進させることによって、ダイエット効果をもたらすのである。[25]

大邱地域での伝統食「果物入りの白菜キムチ」を例として取り上げよう。まず、薬味《ヤンニョム》は、梨、リンゴ、ニンニク、タマネギ、赤唐辛子、小エビの塩辛、砂糖、水、塩からつくる。別に白菜を四等分して塩水に四時間漬ける。漬かった白菜を洗って水気をきり、白菜一枚一枚に薬味を塗りつけ、一番外側の葉ですべてを包みこむようにして一塊にし、保存する。[26]

発酵食文化の研究者石毛直道によると、キムチに唐辛子を加

市場で売られているさまざまなキムチ

えることによって塩辛の脂肪分の酸敗を防ぎ、生臭さを抑えるが、さらに付加的効果は以下のようにまとめられる。

「トウガラシにはビタミンCが豊富であり、またトウガラシとニンニクはキムチのなかのビタミンCの酸化を防ぎ、整腸作用をもつ乳酸菌の繁殖を活発にする作用をもっている。キムチが世界でいちばん健康によい漬物と言われるゆえんである。[27]」

ピビンパッ：五味五色を混ぜて食す

「ピビン」とは混ぜること、「パッ」とはご飯のこと、文字通り多彩な温かい食材をよくかき混ぜて食す。この料理の特色はまさに五味五色の典型であり、彩り鮮やかにして食欲をそそるのである。熱いから気をつけて、と運ばれてきた料理からあふれる香りに、自ずと箸が進む。

今日では全州《チョンジュ》市がピビンパッで著名であるが、大邱韓医大学校の趙春鎬教授は、韓国の地域ごとに「ピビンパッ」の伝統があるという。また、その由来として以下のような二点を挙げ

食卓に供せられたキムチ（左側の小さい10皿）

ている。

①韓国では古い食材は翌年にもち越さない、という習慣があるので、大晦日に、残った食材を調理してご飯に載せて食した。(28)

②韓国の祖先祭にはさまざまな供え物をあげるが、その供え物を少しずつご飯の上に載せて、直会《なおらい》として食した。

「ピビンパッ」の調理の事例を挙げて、その薬効をまとめることにする。

この事例での食材は小松菜、大豆モヤシ、ゼンマイ、ニンジン、牛ひき肉、鶏卵、刻み海苔である。それぞれの食材一つひとつに下味をつけるが、その味つけに特徴が出ている。それは、ニンニクとゴマ油、すりゴマを味のベースとして、醤油、塩、砂糖などで微調整することである。(29) ほかに具材としてシイタケが加わることが多く、さらに韓国では赤唐辛子味噌のコチュジャンが加えられる。

まさに、五味五色の彩りの食をどのようにして口まで運ぶのか。じつはここに日本と韓国との食文化の相違がうかがえて面

銀の食器に入ったピビンパッ

白い。

ある韓国のピビンパッ専門店での昼食タイム、運ばれてきた美しい食に早速カメラを向けてシャッターを切る。混ぜ合わせつつ食そうとする。ところが、正面の席の客人たちは先ほどらいずっとピビンパッを混ぜつづけている。混ぜ合わせの徹底さに感服し、つい見とれてしまった。

丼物にせよカレーライスにせよ、日本では具やルーの盛り方にもそれなりの美意識が働いていて、原型を壊すような混ぜ方はしない。日本と韓国では「混ぜる」の意味がこれほど異なるのは興味深い。十分に混ぜ合わせた飯を、やおら韓流の匙（スッカラク）ですくって食す。これが韓国の「混ぜご飯」なのである。

薬膳の視点では以下のように、ピビンパッの薬効が示される。この料理は一年を通じて食され、使用される食材は季節ごとの旬の野菜とコチュジャンの組み合わせである。とくに、解毒に効用のあるカボチャ、緑豆、ニンニク、ゴマ油に特徴があり、

焼いた石を器にした石焼ピビンパッ

さらに四性では「熱」「温」の傾向が強い。したがって、ピビンパッは脾臓の機能を整え、「気」、つまり体の個々の機能を動かす動力を活発にする。この脾臓は胃の内側に位置して、主に消化吸収そして血液・水液の調整と統制を行う。つまり、ピビンパッは脾臓を強化して、消化不良、下痢、軟便、月経過多、血便などの発症を予防するのである。

薬効の評価基準が、「五味」「四性（＝四気）」および「陰と陽」であることに、留意したい。この点が次項で述べる東洋医学と西洋医学との分岐点をなし、人の体を観察し治療する、あるいは体の管理に関する観念の相違を示すからである。

〈ピビンパッの材料[30]（一人分）〉

もち米（1カップ：160g）
かぼちゃ——熟していないもの（30g）
桔梗の根（30g）
わらび（20g）
すりおろしネギ（1/2根：10g）
チョンポムック——緑豆などの粉末をゼリー状に煮固めたもの（30g）
たまご（1個：50g）
昆布（1切れ：3g）

醤油（大さじ1：15g）
砂糖（大さじ2：30g）
ニンニク（2片：6g）
ゴマ塩（小さじ1/2：3g）
こしょう——粉末状のもの（小さじ1/3：1g）
ゴマ油（小さじ1：5g）
コチュヂャン——唐辛子みそ（大さじ1：15g）
牛肉（50g）

健康づくりでの東洋と西洋

本章では東洋医学、とはいっても韓国料理を切り口として、予防医学としての韓国薬膳の世界をのぞき見ようとしてきた。東洋医学は今日のわが国の「医学」とはまったく異なるものであり、わずかに江戸期の黒田藩医・貝原益軒の著書『養生訓』に、「健康づくり」としての「気」の認識をうかがうことができる。貝原益軒は、その書において、人体の「気」の自己管理を通じた健康づくりを基本に据えるのであり、その点で健康の自己管理を基本とする東洋医学の系譜を継いでいるからである。

さて、東洋医学と西洋医学とは思考の枠組みにおいて根本的に異なるのであるが、その相違点についての整理をここで試み、本章の結びとしたい。

まず、「予防医学」を西洋医学がどのような視点でとらえているかを理解しておきたい。予防は何に対してなのか、という問いについては疾病に対してである、と回答される。つまり予防とは、疾病や病気というリスクの原因となるものを検出し、その罹患や発病、あるいは悪化を抑制・停止することである。その原因を生み出す要因は、①遺伝因子、②環境因子、③生活習慣因子の三つである。[31]

病気の発症が結果とすれば、三つの因子はその原因として認識されねばならない。この原因への遡及には疫学調査によるデータが動員されている。ただし、この三つの要因のどれが個々の症状の確かな原因であるかは、確定できない。したがって健康づくりに関しては、個々の症状と予防との関連というよりも、生活習慣病と予防との関係に課題が置き換えられていくのである。さらに、生活習慣病の代表的な病気が、高血圧・高脂血症・糖尿病と特定されることで、初めて具体的な予防策が講じられることになる。「生活習慣病の本質は動脈硬化ですが、これらの病気が二つ重なれば高まるリスクは二倍ではなく二乗、すべて重なれば三乗になる[32]」というわけである。

では、食は予防医学ではどのような位置に置かれているのだろうか。先の三つの因子のなかの環境因子ではグルメブーム、また生活習慣因子では食生活の欧米化・偏食・飲酒が挙げられている。この食の課題を自分自身の健康管理にどのように取りこむことができるか、それが重要な課題である。そのことが、「ヘルスプロモーション」、つまり「人々が社会全体のみならず自分自身で健康を管理・改善するもの[33]」だからである。

偏食を避けながら、さらに食の欧米化に抗しつつ健康を守るには、何よりも肥満の予防が重要な課題となる。肥満の予防を軸とした生活習慣病への取り組みは、そのリスク度を示す数値を改善することが予防の目標となり、それぞれの食に対応したカロリーが食生活の目安として示される。個々人それぞれとはいっても、基本となる数値目標を共有し、個々人の食においてはカロリーで制約を受けるのである。こうした国民全体の「健康づくり運動」の背景には、もちろん医療保険や介護保険の財政問題が伏在している。

西洋医学での健康管理の特徴は、疾病リスクの数値化と食のカロリー計算であり、これも数値目標の設定を通じた生活の改善である。それに対して東洋医学では、自分の体の「声」を聞くことが求められ、そうした声を聞きうるような日常的な、体の自己管理が求められるのである。食は「陰」と「陽」に区別され、朝・昼・夕および、春・夏・秋・冬の四季に応じ、さらに個々人の体質や性差、年齢に合わせてコーディネートされる。毎日の食は五味五色を基本とした食材と調理が組み合わされる。

西洋医学が人体を解剖学的に構造化して、それぞれの臓器などの器官の集積とみなすのに対して、東洋医学では人体は「気」に基づく生命体であり、その生命体は宇宙という自然の循環のなかで持続されねばならない、とする。自然や地域のなかで形成された伝統に立脚する食は、その伝統的生活文化とともに、宇宙が変化しない限り変えるべきものではない。食の伝統主義ともいえる観念が健康を維持させるのである。

東洋医学での「食は薬」というテーゼは、今日のグローバリゼーションにともなう食の危機のなかで、改めて顧みるに値する重要な課題である。その食の今日的危機のありようについて、そして同時に、食にかかわる化学物質のデータや人体の数値を健康情報として収集・管理できる能力を育てねばならない。なぜなら、第二次世界大戦後の食生活は、農薬を含む膨大な種類の多量な人工化学物質に汚染されつづけているからである。

注

(1) ヨ・ソルハ『実録チャングムの誓い』前編・後編(キム・ジェヒョプ訳)、ワニブックス、二〇〇六年
(2) ヨ・ソルハ、前掲書・前編、一四六頁
(3) ヨ・ソルハ、前掲書・前編、五三頁
(4) パン・ウェイ『食養生読本』講談社、二〇〇七年、四〇〜四一頁
(5) 伍鋭敏、袁永端『薬膳』第二版(伍煌錚訳)、東京書籍、二〇〇五年、一三三頁以下参照
(6) パン・ウェイ、前掲書、四七頁
(7) ヨ・ソルハ、前掲書・前編、七一〜七四頁

（8）ヨ・ソルハ、前掲書・前編、五六頁
（9）伍鋭敏、袁永端、前掲書、二四頁
（10）ヨ・ソルハ、前掲書・前編、一一三頁
（11）鄭大聲『食文化の中の日本と朝鮮』講談社、一九九二年、一八六〜一九〇頁
（12）田代和生『倭館――鎖国時代の日本人町』文藝春秋、二〇〇二年
（13）安達巖『日本型食生活の歴史』新泉社、一九九三年、五三〜五九頁
（14）元は一二七六年に「済州島を直轄牧場とする。蒙古から品種のすぐれた牛馬を入れ、大々的に放牧する」。鄭大聲、前掲書、六八頁
（15）鄭大聲、前掲書、一九頁
（16）ルイス・フロイス『ヨーロッパ文化と日本文化』（岡田章雄訳注）、岩波書店、一九九一年、九二頁
（17）伍鋭敏、袁永端、前掲書、五〇〜五三頁
（18）パン・ウェイ、前掲書、三七頁
（19）パン・ウェイ、前掲書、一六八頁
（20）金美林「ＦｕｋｕｏｋａＥＸＰＯ」未定稿、二〇〇六年、二五頁
（21）川島四郎・サトウサンペイ『食べ物さん、ありがとう』朝日新聞社、一九八六年、四四〜四八頁
（22）高根恵子、今井理恵『食べて治そう！　たのしくおいしい朝鮮料理』わらび書房、一九九九年、一九一〜一九二頁
（23）ヨ・ソルハ、前掲書・前編、五六頁
（24）大邱韓医大学慶山文化研究所『大邱伝統・郷土料理』大邱広域市、二〇〇五年
（25）日本味と匂学会編『味のなんでも小事典』講談社、二〇〇四年、七六頁

(26) 趙春鎬『大邱伝統・郷土料理』(未定稿、申鎬訳)、二〇〇八年
(27) 石毛直道『食の文化地理——舌のフィールドワーク』朝日新聞社、一九九五年、三二頁
(28) 趙春鎬『民俗学の立場から見た韓国(大邱・慶北地域)の伝統料理』未定稿、二〇〇七年
(29) 高根恵子、今井理恵、前掲書、二六〜二八頁
(30) 金美林、前掲書
(31) 江藤敏治『病気にならない本——予防医学へのいざない』大学教育出版、二〇〇五年、一〇〜一一頁
(32) 江藤敏治、前掲書、二〇頁
(33) 江藤敏治、前掲書、一一頁

Ⅱ章　食と焼酎のアンサンブル

壱岐の食と麦焼酎

博多埠頭から高速艇ジェットフォイルの船客となり、一時間もすれば船は壱岐《いき》市の港に接岸される。この島は対馬と博多の潮間に位置し、紀元前後の弥生時代には「一支国《いきこく》」と『魏志倭人伝』に記された。原《はる》の辻《つじ》遺跡は島の東南部で発掘され現在も調査が進められているが、多くの多彩な土器、装身具や鉄・銅製の武器に混じり、中国前漢の貨幣なども出土し、海路での大陸との長期にわたる交流が立証されている。「船着き場跡」では造船や突堤づくりの技術水準の高さが偲ばれてまことに興味がつきない。

壱岐・原の辻展示館の埋蔵文化財のコーナーに犬や魚とともにウニの遺骸が展示されている。漢字が導入される奈良時代では、ウニは「宇迩」「宇尓」「蕀甲蠃」などと木簡に記され、中世期になると「海胆」「海栗」と書き、俗に「ガゼ」とも呼ぶ。壱岐ではガゼはバフンウニを指す。このガゼと鶏卵を混ぜ合わせ、塩味でウニの厚焼きをつくり三月節句の時に食す。アカウニは六月解禁、それまではムラサキウニが黒ウニの名で生ウニ飯の食材となる。肉厚はアカウニが勝るものの、磯の強い香りを載せた黒ウニ飯はシンプルながら贅をつくす一品である。

ほかにどうしても紹介したい食の一つに「ひきとおし」鍋がある。大切な客人をもてなすために工夫されたものであるが、いまでは友と語らう会の真ん中に据えられる料理である。骨付き鶏肉とささがきにしたゴボウを炒めて、だし汁を加えて好みで味付けをする。これを煮立てて、キノコや豆腐、ネギを加えて食す。具材を食べつくした後、残り汁にソーメンを混ぜ合わせて究極の味を食す。

ウニは「雲丹」とも書かれる。「丹」は古来より赤色を意味し、「雲丹」は正確にはウニの卵巣の塩辛のことである。塩辛は平安朝期以前からの保存食の一つであり、ナマコの腸でつくる海鼠腸《このわた》やアユの鱁鮧《うるか》などの記録が残されている。ところで、ウニは食すにまことに美味にして芳香豊かであるが、一〇メートル以上の深海からの採集は、海人《かいじん》に継がれる名人技である。その海人は、船上で暮らす海洋民であるが、海上ルートを自由に行き来し、海上交通を妨害あるいは促進する位置にあった。島内に建立された壱岐住吉《すみよし》神社は、当地の海人族「住吉連《むらじ》」とともに「宗像《むなかた》連」など海人族の総本宮という。

この壱岐住吉神社から郷ノ浦に向けて車を走らせると、まもなく麦焼酎発祥の地、「壱岐焼酎」の蔵元に着く。明治末の自家醸造禁止までは五五の醸造場が操業していたが、現在では七つの焼酎蔵にまとめられている。

　島内では一六世紀以来焼酎が自家醸造されて飲まれていたという。なだらかな丘陵地形に加えて豊かな伏流水が大麦や大豆などの穀物を育て、焼酎の主原料を提供している。

　蒸留技術はいつ、どのようにして壱岐に伝えられたのだろうか。玄海酒造の社長であり、『壱岐焼酎』[1]を著している山内賢明は、壱岐の古い蒸留器と韓国の蒸留器「カブト釜」との共通性をもとに、伝統的焼酎醸造の歴史を有する「安東《アンドン》焼酎」を壱岐焼酎のルーツとしている。

　蒸留器はペルシャを源とし、西に動いてスコッチウイスキーに、南へはシャム（現在のタイ）で蒸留酒に、東には中国へ、さらに北へと伝わり、モンゴル帝国の「元《げん》」は蒸留酒を抱えて朝鮮半島の前進基地安東地域まで運ぶ。

　また、元は済州島《チェジュ》を家畜放牧地として活用し、牛の優良種を放つ。これが朝鮮半島の肉食への転換期となり、壱岐にも牛とともに蒸留技術が伝えられたのであろう。

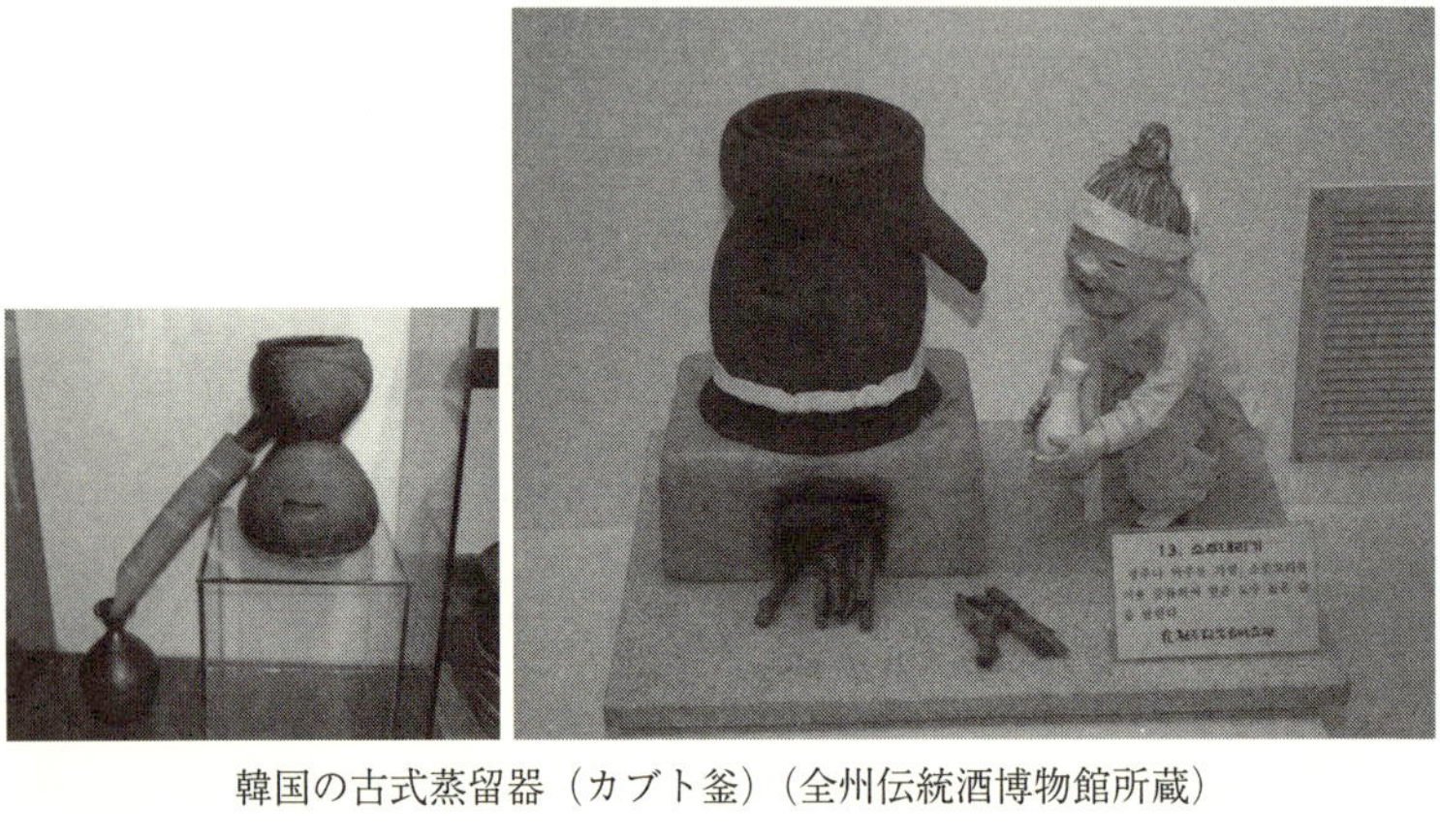

韓国の古式蒸留器（カブト釜）（全州伝統酒博物館所蔵）

沖縄の泡盛から蒸留技術を学んだ薩摩焼酎が南回り文化とすれば、壱岐焼酎は大陸・半島経由の焼酎づくりなので、北回り文化の代表と呼ぶことができるだろう。

蒸留という操作は、醸造した酒に火をあてて沸騰させ、その水蒸気を冷却させて液化することである。この液化されたものが蒸留酒である。中国や朝鮮、日本の中世においても焼酒という表現が用いられたのも、この蒸留過程の特徴故である。ちなみに、ドイツ語の「ブレネン」は「蒸留する」とともに「燃やす」という意味をもつ。

醸造酒に比べて蒸留酒の歴史は浅い。なぜなら、原材料とともに蒸留器、それを操作できるテクノロジー、そして蒸留酒を愛飲する共鳴者が必要であるからだ。

蒸留酒の普及ルートを解明するにあたっても、蒸留器の物証という点からルートという線に向けての物証がとりにくい。

壱岐焼酎は朝鮮半島からのルートで、中国の元の時代に渡来した可能性が大きいが、これも状況証拠に頼っている。最新の研究状況について、飲食文化研究の第一人者、石毛直道の論述を引用する。

「蒸留酒つくりの道具として、はじめに中国に伝わったのはガンダーラ型の蒸留器であろう。しかし、家庭での日常的料理に蒸す技術を駆使していた伝統のある中国では、すぐにコシキを利用し、水冷の原理をとりいれたモンゴル型に変化させた。それが発展して、中国型が発生した。この中国紀元の蒸留器が朝鮮半島、日本、東南アジアに伝播したのである。[2]」

仏教文化大分の焼酎と食

大分県の北に、親指の形をして周防灘《すおう》に突き出す半島がある。国東半島である。「くにさき」と読み、仏教の里として知られている。ここに継承されてきた六郷満山《ろくごうまんざん》の仏教文化は、じつに一〇〇〇余年の歴史を刻んできたのである。往時には六〇寺以上、宿坊五〇〇以上、宝塔五〇〇以上あり、いまでも仏教文化を表現する史跡に事欠かない。

時を遡ると、七一八（養老二）年に仁聞《にんもん》聖人によって開基された天台宗天念寺があり、ここに仏教法会の修正鬼会《しゅじょうおにえ》が伝えられている。

この修正鬼会は旧暦一月七日の夜から八日にかけての徹夜行事であったが、近年では七日のうちに終了する。この鬼は幸いをもたらすものであり、鬼に扮した僧侶の勤行《ごんぎょう》がすむと、僧侶にお斎《とき》の夕食が準備される。膳には白和え、大根なます、野菜の煮物、ぜんざい、そして面白いのは麦飯が提供されることである。もう一つの驚きは、麦酒が振る舞われることである。麦酒は麦飯に麦麹をかけて発酵させたもの。まさに麦づくしである。

麦はいつ頃この列島に伝わったのだろうか。平城京跡から出土した木簡に記された文字から、赤米などとともに、麦・小麦・大麦の穀物名が解読されている。

大宰府からも「麦」と記された木簡が出土している。『古事記』(七一二年)の「五穀」には、稲、粟、小豆、麦、大豆が挙げられている。麦の栽培は水稲の裏作としてすでに定着していたようであるが、救荒作物としての麦栽培に関する太政官府の奨励(七一二年)が発せられたのをみると、全国的には麦の作付けが進まなかったのであろう。

国東半島から南に下って宇佐平野の一帯は「豊後」、その北西地域は「豊前」と呼ばれ、この地域は畿内に対して「豊の国」と称されていた。その宗教的・政治的中心にあり、中央政権に対峙していたのが宇佐八幡宮である。

当時、豊の国を挟んで宇佐八幡宮と新羅の神を奉ずる香春神社が対峙していた。香春・豊前・豊後には多くの渡来人が住んでいたが、大陸や朝鮮半島の文化や先端技術が渡来人や僧侶によって持ちこまれたことは十分推察可能である。

麦には小麦と大麦があり、小麦は粉にして麺やパンとして食す。大麦は六条や二条という種類があり、麦芽はビールの主原料として、また大麦の仲間の裸麦は粒食として麦飯に使われる。粉食にするには製粉の技術が必要であり、また粒食では硬い外皮を取り除く工夫が必要とされる。小麦の作付けが前進するには麦を食すための技術や道具が不可欠であった。

宇佐平野は古来より米どころで知られている。主食は米であるが、麦を食すことで食文化は多彩で豊かになる。この豊前・豊後地方では最近まで裸麦を粒食として使用して、麦飯を常食としていた。

小麦の粉食としては「団子《だご》汁」や「やせうま」がある。これは日常食である。麺食ではなんといっても「腸鮑《ほうちょう》」が極めつき。塩と水でこねあげた小麦粉を二度寝かせてコシを強くし、手延べで二メートルもの麺にする。これをゆでて冷水で締め、お湯に浮かせて薬味入り醤油をつけ一気にのどを通す、これが麦の郷の醍醐味である。

ところで、大麦を主原料にして、麦麹を活用した麦焼酎が誕生

団子汁（上）とやせうま（左）

したのは、まさにこの「豊の国」文化を象徴するものである。その幕を開いたのが「二階堂」であり、まろやかな麦の香りを焼酎に閉じこめている。また、「西の星」は大麦の新種「ニシノホシ」を深く醸し蒸留したもの、ストレートでの飲みに格別な旨みをもつ。主原料の麦を開発したのもこの麦の郷ならではのこだわりである。

球磨の自然と焼酎文化

球磨《くま》盆地は日本三急流の一つ、球磨川の流域に沿って人の定住が始まり、そして相良藩七〇〇年の治世下において固有な文化圏を形成してきた。

「青井さん」と呼ばれる宮が球磨川をのぞきこむように立っている。八〇六（大同元）年に、紀元前に創立された阿蘇神社の分霊を受けて建立されたのが、この青井阿蘇神社である。

朱塗りのそり橋を降りて鳥居を抜けると、そこに荘厳な楼門が佇む。慶長一四～一八（一六〇九～一六一三）年、相良二〇代藩主長毎《ながつね》の造営という。大屋根を覆う萱葺《かやぶ》きの急勾配は見事な造形である。宮の解説によると、「青井」の「青」は自然を、「井」は水を表わす。建立当時はシデ類やカエデ類などの広葉樹で厚く天が覆われ、足下には水源を発ったばかりの清冽な川の流れがあったのであろう。

球磨の食文化はこの自然と水の恩恵のなかで個性を醸している。鮎料理や人文字ぐるぐるはこの地の特産品である。

球磨焼酎も地域の宝である。球磨焼酎酒造組合によれば、現在二八の酒造所で約二〇〇種類の銘柄で販売されている。一九二三（大正一二）年には五七酒造所であったから、およそ八五年で酒造所は半数に整理されたことになる。

球磨焼酎には非常に興味深い特徴が三つある。熊本県文化財保護指導委員であった高田素次の調査研究(3)によれば以下の通りである。

①相良藩治世下において、自家醸造とともに販売も認められていたこと。販売にあたっては免許が必要であり、この販売所は「入立茶屋」と呼ばれていた。

②清酒づくりの記録はなく、米製を基本として雑穀でも焼酎を醸造していた。球磨地域での食卓での酒は焼酎である。

③焼酎の飲み方にも文化が伝承され、酒器は陶器製で注ぎ口のある「ガラ」、猪口は口縁の狭い「チョク」である。二五度の焼酎をガラに入れて囲炉裏の直火で温め、薄めずに飲むのである。

ガラとチョク

一七五八（宝暦八）年に青井阿蘇神社殿の改修工事が行なわれている。その経緯を記録として留め置いた札を銘札《めいふだ》というが、その折の銘札に次のような記録がある。

「毎日気付け酒や正酒を一人充てに五盃づつ頂ました」

この「気付け酒」とは焼酎のことである。

同じ銘札に「殿様から酒を百盃、魚五十匹、豆腐八丁をもらう」とある。「豆腐」はどうやら酒の肴に供するもののようである。

今日でも、球磨郡北部の五木村《いつき》には、豆腐料理の伝統が継承されている。「とうふのみそ漬け」はいまから八〇〇年前に平家の落ち武者によって伝えられたという。その伝統に新感覚を加味したのが、ウニのような香りとトロッとした食感覚が持ち味である「山うに豆腐」である。

豆腐といえば、中国の食文化、風俗などの研究者、青木正児が中国・元代の文学者、虞集《ぐしゅう》の『豆腐三徳賛』から引いた豆腐の三つの推奨点を掲げる。(4)

①どこを取り出しても皆良し。

②肉のように歯にはさまらないので、存分かみしめられる。

③柔らかくさっぱりして臭みがない。

もとより、この「三徳」はかなりの齢を刻んだ人でないと共感していただけないかもしれない。若い人に共感を得られそうなのは、豆腐は「畑の肉」ということ。大豆のたんぱく質は良質の脂肪とセット、そして豆腐や納豆にすると消化吸収力が断然高まることである。

もちろん、球磨焼酎、とくに濃厚な貯蔵酒との相性は抜群である。

ひむか神話街道の猪とそば焼酎

そばは救荒穀物の一種、どちらかといえば目立たない穀物である。

九州山地は標高五〇〇～一〇〇〇メートルにかけての高地だが、起伏の激しい特徴を浮き立たせながら、森林のなかに天を仰ぐわずかな地表をつくりあげている。椎葉《しいば》村ではその地表で焼畑農耕の伝統がいまも引き継がれている。木材の切り出しのことを「木下《きおろ》し」というが、その翌年の夏、その地に地蔵札を立て火入れが行なわれる。燃やし終わるとまだ温かいうちにそばの種が蒔かれる。そばは生育が早く、七五日で収穫できるのが強みである。

このそばを活かした特産の一つに「そば焼酎」がある。

麦で麹をつくり、これに破砕したそば粉（＝グリッツ）を水とともに合わせて発酵させる。これが二次仕込みの酒（二次モロミ）であるが、これを減圧蒸留したものがそば焼酎である。主原料のそばにこだわり、二〇〇五（平成一七）年に、そば麹一〇〇パーセントの「雲海全麹仕込み」が誕生した。

そばの旨みと香りを存分に活かす、アルコール度三〇パーセントのストレートタイプ焼酎である。

このそば焼酎「雲海」は、日本で初めてのものであり、一九七三（昭和四八）年五ヶ瀬町で誕生したのである。

そば焼酎を開発したのは、雲海酒造株式会社社長の中島勝美である。中島は一九六七年に五ヶ瀬酒造有限会社を設立し、当初は麦で焼酎を生産していたものの、高千穂の特産に沿うような焼酎づくりを目論んでいた。一九七〇年に高千穂特産のトウキビ（トウモロコシ）を主原料とする「とうきび焼酎」を販売した。ところが、地域内の同業者間の競争となり、値引き競争の末に撤退を余儀なくされた。

中島は、五ヶ瀬地区特産のそばに目をつけた。高品質の焼酎づくりの戦いが続き、試飲で「ほのかな甘みと香り」に納得し、そば焼酎の販売を決意した。しかし、難題があった。まず、イモ焼酎や麦焼酎に比べてそばのおとなしさである。また、そばの仕入れ値は高価であり市場競争でのコスト高の不安が広がった。中島は、おとなしさを「ほのかな」様、コスト高を「品質」と逆手にとって戦略を進めた。他業者が一升七〇〇円の価格のところ一升一〇〇〇円で販売し、まもなく全国ブランドとして認められたのである。

宮崎県の東海岸は日向灘《ひゅうが》に沿って走る。その内陸は山深い里を抱いて高い嶺がせりあがっている。

日向は「ひむか」と読み替えられ、嶺に沿う「ひむか神話街道」が観光ルートとして開発されたのである。

九州山地は高千穂から椎葉を経てえびの地域まで、カシ・シイ・クスノキなどの照葉樹林が走り、四季豊かな、多様な動植物の繁茂する環境が継承されている。森林は水源でもあり、さらにCO_2の吸収源、建築材の供給、人間の癒しの空間など、多様な機能を有する。それらの機能を一つに包みこむのが「霊山」である。神は霊山に宿り、里に降りるが、それに合わせて祭りが催される。神楽《かぐら》はその祭礼の一形式である。

郷土史家、永松敦が神楽の変遷について記述しているが、その史実はまことに驚きである。高千穂神楽の歌詞は本来仏教の言葉であったが、江戸期に国学の影響で神道用語に転じたのだ、という。たとえば、みほとけ（御仏）がみよなれは（御代なれば）に、じょうど（浄土）がたかあまはら（高天原）に、ほさつ（菩薩）がからた（体）へと。

神楽歌の「神」という漢字から、「神道」始源と思いこんでいたわが不明を恥じた次第である。

さて、高千穂では一一月一七日から翌年二月にかけて、夜神楽三三番の舞が毎日奉納されるが、その先陣をきって「猪掛祭《ししかけまつり》」が催される。なんと、高千穂神社の神前に猪が生きたまま両足を縛られて供えられている。もともと肉食を忌避する仏教を始源としているはずなのに、ことあろうに生肉が供えられるのである。高千穂神楽、椎葉神楽、そして銀鏡《しろみ》神楽などへの狩猟文化の投影は、まことに興味のつきないものである。

とくに、椎葉神楽では包丁とまな板が準備され、猪の肉が舞い手全員に分配されて食される。動物は聖なる生贄であり、その生命は神の面前でそのすべてが食されねばならない。

動植物の生命を食して人は生きている。こうした神楽は人が生きていくための生命のやり取りを眼前に見せてくれる。食すとは、生命をいただくことであり、食事始めの「いただきます」とは、自然界の生命への感謝だということを改めて教えてくれる。

猪肉は鹿肉とともに動物性たんぱく質、これは大豆などの植物性たんぱく質とともに貴重なたんぱく源である。

高千穂には、自然の恵みを食卓に持ちこんだ、「猪みそ」という、多機能で使い勝手のよい美味なヒット製品がある。猪肉をミンチ状にくだいて味噌味をつけたもので、ご飯にかけたり、焼酎に欠かせない肴である。

二〇〇五年一一月に高千穂町で開催された「高千穂の家庭料

猪掛祭

理大集合」では、多彩な当地の特産が発掘されている。寿司や炊きこみご飯では、「とうきび飯」「黒米の赤飯」や「むかごご飯」が珍しい。面白いのは「昆虫食」である。「はちの子めし」あり、「すずめ蜂のナスいため」あり、そして究極は「はちのから揚げ」。郷土食は郷土色にて満開である。

薩摩藩と卓袱料理

新しい時代の扉を開けるには、新しがり屋の好奇心と挑戦しようとする精神が必要となる。一七世紀半ば、食の領域では、禅宗が中国大陸から新たな食材と調理法を取り入れていた。臨済宗の栄西は茶を、曹洞宗の道元は食が仏法として重要なことを、そして黄檗《おうばく》宗の隠元は普茶《ふちゃ》料理を始めたのである。

一六三五（寛永一二）年に「武家諸法度」が改正されて「毎年夏に江戸に参勤すべし」と定められた。薩摩藩八代島津重豪《しげひで》の参勤交代の記録が残されている。

一七六七（明和四）年五月、前年同様出府途上に黄檗宗の宇治万福寺を参詣する。重豪には方丈で普茶料理が、従者には別の間で小食が饗応された。普茶料理は野菜を食材とした中国式の精進料理であり、テーブルを四人で囲み大皿の料理を各自で小皿に取り分けて食す。万福寺は今日でもこの食作法を継承し、そこに皆で分け合う「平等」の精神を盛りこむ。重豪はこの料理をすっかり気に入り、江戸・芝の藩邸でも客を遇するに普茶料理を供したという。薩摩藩は黄檗宗と随分親縁であったようで、第三代綱貴の代からの深い縁なのである。

薩摩藩内では、薩南諸島や薩摩半島、そして大隅半島の長い海岸に沿って漂着船や密航船の絶え間がない。藩自体も中国大陸との交流に大きな利害をもつ。藩は唐通事《からつうじ》（通訳）の養成を重視し、通事のうちの数名を長崎に派遣し研修させていたのである。

重豪は長崎への旅行を計画するが、当時は幕府の許可を必要としていた。藩の願出の要旨は長崎での対外警備の実情視察であった。幕府の許可を受けて、一七七一（明和八）年五月二八日江戸を離れた。なんと従者一〇〇〇余名の大移動である。重豪は新築の長崎の藩邸に投宿するが、従者は数カ町に分散し二週間ほど滞在したようであるから大騒ぎである。

重豪は唐通事平野氏の別宅で饗応されたと『薩摩藩史』に記録されている。その時の料理が卓袱《しっぽく》料理であった。

卓袱料理の食作法は普茶料理と同じであるが、卓袱は肉類を中心としたもので、当時の一般家庭では到底食すどころか、想像を絶する食卓の内容であったはずである。この時の献立は残っていないが、重豪はこの料理にも食指を動かし、一八二四（文政七）年頃、江戸藩邸で卓袱料理で客をもてなした記録がある。その時の献立から一部を紹介しよう。

小菜（前菜のこと）が六種、さらに粕漬けなどの漬物、龍田餅《たつたもち》、そして氷糖など。とくに砂糖は薩摩では特産だが珍味である。喫茶が入り、大菜が六種、最後に飯がつく。大菜はメインディッシュだが、食材はじつに豪華である。カニの汁もの、ヒラメなどの刺身、筋豚、ゴマ豆腐、揚げた鯛などである。

島津家では重豪はもちろん、子の斉宣《なりのぶ》も卓袱料理に凝ったようで、接待時に使ったようである。ということは、肉食の食材とその調理人を確保できていたわけである。

さらに、重豪は出島を訪ね、オランダ船ブルグ号に乗船、視察している。またここで、オランダ式の昼餐を快くいただいている。重豪はこの年一七七一年に、卓袱料理で中国を、ブルグ号でオランダを意識した。

この同じ年の四月一八日、江戸骨《こつ》が原《はら》で解剖があった。その記録を杉田玄白は『蘭学事始』に詳細に描いた。長崎と江戸の離れた環境のなかで、蘭学を必要と感じはじめたリーダーたちが登場するのである。白砂糖づくりなどの技術をオランダに学ぼうとする斉彬《なりあきら》が登場し、藩を挙げて倒幕に進むのは、これから五〇年後のことである。玄白とは領域を違えながら、重豪は肉食タブーに挑戦して「自由」を、ともに食卓を囲んで「平等」を感じつつ、海外に目を向けようとしたのである。

海上の交流に育つ黒糖焼酎

奄美大島を初めて調査で訪れたのは、すでに二五年も前のことになる。まず「宇検《うけん》村まちづくり調査」を実施し、次いで黒糖焼酎の調査に移った。

見るもの、聞くもの、そして食するもの、すべてに驚きと感動の日々であった。鶏のスープとパパイア漬けとの微妙な旨みバランスの鶏飯《けいはん》、そしてやぎ汁の醸す濃厚な個性、その食感はロックでのどを通した黒糖焼酎の爽やかさとともに記憶の底に、いまでも焼きついている。

鹿児島県南の薩摩半島から南西に約一〇〇〇キロ、西の国境

鶏飯

与那国島がある。逆に薩摩半島から東北に向けて直線距離約一〇〇〇キロに東京が位置する。奄美群島は東京と与那国島の真ん中に位置し、薩摩半島から南西約五〇〇キロから沖縄県とのあいだに、多くの島々を抱えている。

黒糖焼酎の醸造はこの奄美大島郡、より正確には大島税務署管内だけに認められている。なぜ奄美大島だけに許可されたのか、なぜ黒糖、つまり黒砂糖を主原料とするのか。その回答は奄美大島の歩んだ過酷な歴史のなかに秘められている。

奄美大島が第二次世界大戦後の約八年間、アメリカの治世下にあったことはあまり知られていない。黒糖焼酎は一九五三（昭和二八）年の「本土復帰」に際しての特別措置として、糖蜜を使用する蒸留酒の伝統が考慮され、酒税法上の「しょうちゅう」として認められたのである。サトウキビのキビ汁では「ラム酒」、キビ汁を黒糖として主原料とすれば特別措置として焼酎となる。

醸造工程はイモ焼酎や麦焼酎などと同じように、まず麹菌の力を借りてモロミを醸し、そのなかに溶解した黒糖を加えるのである。

奄美大島の焼酎醸造所は二〇〇六（平成一八）年度現在、二九社に上る。

主原料のもとであるサトウキビは、江戸期一六一〇（慶長一五）年に直川智が中国福建省から持ちこんだと伝えられる。また、蒸留の製法はイスラム文化に発し、シャム（＝タイ）、琉球国（＝沖縄県）を経て、一五世紀半ばに奄美大島に伝えられたようである。

蒸留酒づくりは、蒸留技術とその道具がきわめて重要なポイントであるが、日本列島の住民たちは海外から蒸留技術が伝えられるまでは、醸造酒を沸騰させて蒸気をとることに関心を向けなかったようである。

一八五〇～一八五五（嘉永三～安政二）年に記された『南島雑話』[5]にはなんと蒸留具がスケッチされている。この書は名越《なごや》左源太の手になるが、名越は薩摩藩のお家騒動で「遠島」となり、奄美大島での五年の生活のなかで見事な図解民俗誌を書き上げている。この書を参照しつつ奄美大島の食文化の特徴を浮き彫りにしてみよう。

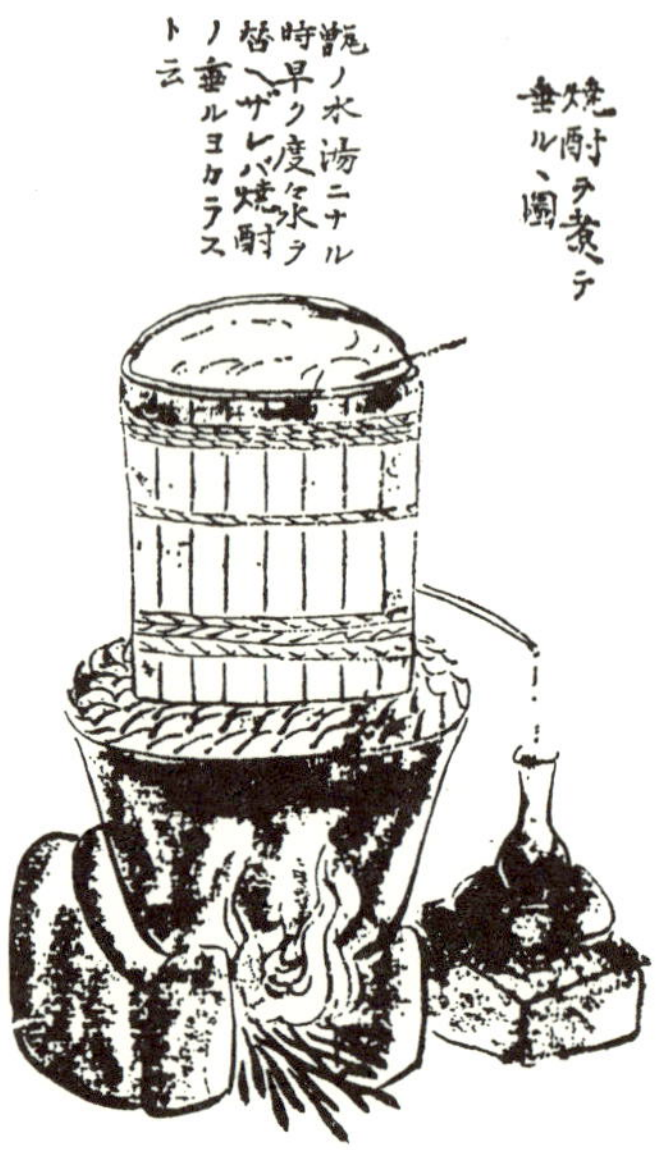

焼酎の蒸留装置（『南島雑話』より）

名越の描いている蒸留の道具の図には「焼酎ヲ煮テ垂ル、図」とある。現在の蒸留でも、最初に抽出されたものは「はなたれ」というが、「垂れ」という表現こそまさに焼酎用語である。

また当時の焼酎の原料とその評価が挙げられていてじつに興味深い。

椎《しい》、蘇鉄《そてつ》、粟《あわ》、麦、甘藷《かんしょ》、もち米、そのほか百合根《ゆりね》、苺《きいちご》、桑《くわ》の実、なんと多彩な焼酎の種類であろう。そのなかにサトウキビは挙げられていないが、そのすべてが完全に薩摩藩に管理されていて、とても使用できる状態でなかったからである。

奄美大島では白酒という醸造酒も飲まれてはいたが、接客、普請、祭事など人の集まりの座では焼酎が主役であった。わが国では蒸留酒を肴なしに飲む人は少ない。食卓に人があり、食があって焼酎が飲まれる。

島の重要な食材は、米。次は甘藷、つまりサツマイモである。凶作となると蘇鉄が主食の代わりに、味噌に、そして焼酎の材料にもなる。食材は豊かで食卓は賑やかだったであろう。海や川の魚、猪に豚、調味料は塩、醤油、酢、そして味噌。魚や肉類を味噌漬けで食す。また、油を使う揚げもの「付け揚げ」が食されていたことには驚かされる。江戸期に、江戸の町を除けば奄美大島は食の極楽郷であっただろう。

もてなしの心　泡盛と琉球料理

沖縄の食文化は、琉球文化の「もてなし」を大切にする伝統のなかで育まれ伝承されてきた。琉球文化は大和文化とは異なる系譜に属し、中国大陸や南アジア文化の強い影響を受けてきた。中国大陸から伝えられた祖先崇拝の祭りに、「清明祭《シーミーさい》」がある。祖先の墓前に親族（＝門中）が参集して焼香し、供え物を捧げて食すのであるが、その供え物はお茶、泡盛、そして御三味《ウサンミ》からなる。御三味とは、海幸・山幸・田畑幸をもとに調理した、餅と煮染め一対の重箱のことである。

こうした祭事などの年中行事に泡盛が欠かせない。また客のもてなしにも必要とされてきた。泡盛は、江戸期には「薬」として珍重されたが、琉球中山王から江戸の将軍への献上品として、当時の目録に掲げられている。

さてその「泡盛」の名称であるが、「泡盛」と上記の目録に記載されはじめたのが一六七一（寛文一一）年であり、それ以前は「焼酒」と記されている。ちなみに、琉球では蒸留酒は、「シゲチ」とか「サキ」と呼ばれていた。一七世紀の末に、いわゆる焼酎と区別するために、薩摩で琉球の蒸留酒が「泡盛」と名づけられたようである。

一八四一（天保一二）年刊行の『酒茶問答』には、清酒の銘柄とともに、「薩摩の焼酎・柳陰・泡盛・砂ごし・南蛮酒」と紹介されている。この資料から推測すると、この時代にはすでに「泡盛」の名が定着していたようである。

「君知るや名酒泡盛」と雑誌「世界」（一九七〇年）で称揚したのは、坂口謹一郎博士であった。

泡盛はウイスキーやブランデーと同じ蒸留酒、酒税法では「しょうちゅう」税率が適用される。泡盛はシャム（現在のタイ）の蒸留酒「ラオ・ロン」の製法に由来するという。このラオ・ロン酒はランビキ（蘭引）にかけて蒸留したものである。ランビキは蒸留の道具であり、アラビア語の「アランビック」を語源とし、香水や薬剤抽出に使用した、はるか彼方にあるヘレニズム文化の蒸留技術を源とする。その伝来した蒸留酒文化に琉球文化が個性をつけ加える。

泡盛の個性は次の三点である。古来より琉球起源の黒麹菌で醸すこと、そして醸した米のモロミそのものを蒸留すること、さらに一五世紀以来伝承された三年貯蔵（＝古酒）の手法を守ることである。

泡盛は琉球料理の旨みを演出するに欠かせない調味料でもある。

その泡盛を片手にいざ料理を、となると山本彩香の琉球料理書『てぃーあんだ』[6]がとても参考になる。琉球文化の「もてなし」の伝統に沿いつつ、何よりも色彩艶やかにして華やかだ。

まず、泡盛を調味料に使う豚肉の行事食「ミヌダル」は、豚肉にたっぷりの黒ゴマを載せて蒸したものだ。豚肉の脂をすっかり落として黒ゴマで味わう、ヘルシーな一品である。

次は、庶民感覚のタケノコ料理である。山本は「グラーのいためもの」と称している。「グラー」は沖縄在来のもので、チンブグダキ（＝ホテイ竹）のタケノコである。味をつけた豚肉を、シイタケ・油揚げ・グラーと炒め合わせる一品である。

最後に、行事食には欠かせないかまぼこであるが、これはまことに琉球料理のなかでも絶品中の絶品である。名づけて「イカ墨とアーサ入りかまぼこ」とある。「アーサ」とはアオサのことだ。

九州・沖縄ではイカを多食しながら、そのイカ墨を料理に活かすことはまれである。私はヴェネツィアでイカ墨スパゲティ

ミヌダル

にこの世のものとは思えぬ美味を感じたが、このかまぼこの色調はまさに重厚にして、食欲をいたくそそる。

泡盛と沖縄料理との出会いは相思相愛の仲に落ちること、間違いなしである。

「てぃーあんだぐわー」とは、沖縄の言葉で「てぃー（手）、あんだ（油）、ぐわー（加える）」で、転じて「手抜き」をしないで料理することを意味している。山本の著書の表題の意味にようやくたどり着けた。「てぃーあんだ」は心をこめて料理をつくること、まさに「もてなし」の心の表現なのである。

イカ墨とアーサ入りかまぼこ

注

（1）山内賢明『壱岐焼酎』長崎新聞社、二〇〇七年

（2）石毛直道「東ユーラシアの蒸留酒」、玉村豊男編『焼酎・東回り西回り』Ｔａｋａｒａ酒生活文化研究所、一九九九年、一二七頁

（3）高田素次「球磨焼酎――正中・正酎・正酒」『人吉文化』第53・54合併号、一九六六年

（4）青木正児『酒の肴・抱樽酒話』岩波書店、一九八九年

（5）名越左源太「南島雑話」（『日本庶民生活資料集成』第一巻）、平凡社、一九八四年

（6）山本彩香『てぃーあんだ』沖縄タイムス社、一九九八年

Ⅲ章　食文化の十字路

海藻

料理の名前はとても面白い。

私はヨーロッパや中国を旅することも多いが、旅先での酒と食が何よりの楽しみである。ところが料理メニューについて、片言の英語やドイツ語で料理の内容を尋ねても見当がつかない。最後はエイヤッと注文するが、それから先はテーブルで対面してのお楽しみとなる。

さて、近年、長崎市に「トルコライス」が登場し、いたく評判である。この料理は、スパゲティ・トンカツ・ドライカレー・野菜サラダが一皿に盛られ、まさにアジアと西欧の境界たる「トルコ」の風景を演出する。

さらに島原には「イギリス」という料理がある。イギスという海藻の料理のことを地域ではこう呼んでいる(1)。

イギスは細い糸状の枝が次々と二股に分かれるようにして、繊細に枝をなしている。六月の大潮の時に干潮の沖で採取する。これを薄く広げて一日で天日で干しあげる。調理するさいは、真水で洗い、米ぬか汁で炊いて、それを冷やして固める。その食感は寒天のようである。

イギスを使った料理は、九州東海岸の国東《くにさき》地方にも残されている。代表的なものは、「イギス天」や「イギスの酢味噌」だ。この地方でも、干しイギスを米ぬかで溶かして固める。

瀬戸内の香川や今治では、「イギス豆腐」がつくられている。盆や法事には欠かせない料理である。干しイギスを水でもどし、小さく切る。これを鍋でだし汁とともに煮るが、柔らかくなってから大豆粉を水で溶いて入れる。強火で溶かして、醤油と砂糖で味つけして冷まして固める。

九州では、イギスは九州山地を挟んだ東西の地域だけで食されている。言い伝えでは、島原の乱の後、瀬戸内の人が島原に移住したさいにこの食文化を運んだという。

七世紀頃にイギスは、「伊支須」あるいは「小擬」と記されていた。この表記がなんと平城京より出土した木簡に記されているのである。

木簡とは、墨で文字が書かれた木の札である。律令制国家の形成期の七世紀以降に情報伝達のために使用されたが、食材に関する木簡が発見され、当時の食文化探究の手がかりとなっている。(2)

奈良だけではない。福岡市の平和台球場跡地での発掘が進む鴻臚館《こうろかん》跡からもこの種の木簡が出土している。そこには「庇羅郷伊支須一斗」とある。庇羅郷（現在の佐賀県杵島郡）からの送付便につけられた荷札であったのだろう。鴻臚館は古代の迎賓館で、朝鮮半島からの客人を接待する施設であるが、そこでイギスはどのように料理されて食卓を飾ったのであろうか。

大宰府から出土した木簡のなかには、「割軍布《さきめ》」という記述のあるものもあるが、それは「さきワカメ」のことである。

日本列島で出土する木簡には、多くの海藻類が記帳されている。たとえば、もずく、天草《てんぐさ》、海苔、にぎめなどである。海藻はカルシウムや鉄などのミネラルが豊富で、高血圧予防に最適である。干して保存し、そのまま食したのだろうか、あるいは水でもどしてスープで食したのだろうか。

一一月、志賀島《しかのしま》の海人は海藻を籠に盛って香椎宮《かしいぐう》に捧げる。香椎宮は博多の東方にあり、この行事は「結納」とも呼ばれる。その東、関門海峡の岸に和布刈《めかり》神社が座る。大晦日の深夜、午前三時に急流の瀬戸のワカメを鎌で刈り取り、この神社の神前に奉納するという祭礼がある。豊漁と航海の安全の祈願である。この和布刈神事は七一〇（和銅三）年に始まるという。

北部九州には海藻にまつわる行事や祭りが多い。玄界灘を隔てた朝鮮半島にも海藻を食す伝統が生きている。韓国ではいまでも、出産後の母親の最初の食はなんと「ワカメスープ」なのである。(3) 産婦は毎食ワカメを食すという。ワカメの含むカルシウムやリンなどが母を介して、母乳で子に送られるとともに産後の肥立ちのためでもある。

海藻が環日本海の食文化としていまに伝えられているが、この伝統が未来に向けて引き継がれることを期待しよう。

麺

熊本市内でタクシーに乗車した折、運転手とラーメンの話題となった。「わたしゃ、地元の味千ラーメンしか食べん」と運転手。味千ラーメンは熊本発のもので、すでに上海にも上陸し、好評を博している。

福岡では濃厚豚骨スープに細麺のシャープな組み合わせ。鹿児島では太麺に野菜のトッピングで重厚な組み合わせ。ラーメン通は、どこでも地元ラーメンのサポーターである。

細くした麺といえば、ラーメンのほかに博多のうどん、長崎のチャンポン、阿蘇・高千穂などのそばがある。二〇〇五年に、中国北西部で四〇〇〇年前の直径約三ミリの麺が発掘された。

また、パンは広くは麺の一つであり、メソポタミア流域では約六〇〇〇年近いパン食の歴史があるという。パンはキリスト教の祭儀にとって不可欠、僧院でワインとともにつくられてきた。日本列島ではパン食の開始は明治期以降のことであり、肉食化とともに大衆化してきた。

うどんもパンも原料は小麦粉であるが、小麦は米作の裏作として栽培が推奨されてきた。

平城宮・京に出土した木簡のなかに、「麦」「小麦」そして「大麦」という漢字が記されている。麦の日本列島への渡来は水稲と同時期かもしれない。だが、小麦が安定して収穫できるようになったのが室町期、庶民が麺食を口にすることができたのは江戸期、米と比べて食への足取りは遅い。

新しい作物づくりへの挑戦にはリスクがともなう。そのリスクを乗り越えていくには、強制か、利益誘導か、宗教性か、なんらかの動機づけが必要だ。ソーメンが早い時期につくられたのは、七月七日のお供え物だからである。

七夕の日にソーメンを食すという考証について、食文化研究家の石毛直道の説を掲げたい。「コムギの収穫のあとにあたる時期の行事であり、七夕の日に小麦粉のだんごを食べる風習の地方があることから、コムギの収穫儀礼として初物を食べる風習に起源をもち、それがコムギ粉でつくった索餅やそうめんでおこなわれるようになった。[4]」

小麦は粉食として食するわけだが、そこには技術的なハードルがある。

まず、粉にするためには石臼と石臼の上の小麦をつぶす道具が必要。さらにこねた小麦を糸状に延ばす道具もいる。道具を動かす技術、そして美味しい麺をつくる技術など、道具とそれを動かす技術、そして麺づくりに向けた全体をコーディネートできる人が育たねばならない。それは麺づくり全体のテクノロジーである。そのテクノロジーをもっていたのは、中国大陸で先進の麺文化を修得した僧である。禅寺には食を専門的につかさどる典座《てんぞ》が存在していたことは注目に値する。

聖一国師《しょういちこくし》は福岡市の承天寺を開山した僧だが、一二四一（仁治二）年に水力による粉引き機の図面を中国より持ち帰り、その技法を伝えたという。この機械が実際に稼動したかは不明であるが、ここから全国に広まったとみられている。

粉に水を加えてこねたものを糸状に延ばすには、石毛直道によると三つの方法がある[5]。

第一は、細く延ばした麺を両手で引き延ばしていく方法。この手延べされた麺がソーメンであり、中国語で拉麺《ラーメン》である。第二は、薄い板状に延ばして、刃物で細く均等に切り落とす方法。手うちそば屋などで実演されている方法である。第三は、湯でこねた麺を小さな穴から熱湯に突き出す方法。とくにちぎれやすい麺、たとえば、ハルサメやビーフンはこれである。

延ばす道具がなければ、熊本や大分のように麺を手で延ばし

承天寺

切り、熱い汁に落とす「団子汁《だご》」の方法をとる。

小麦粉から麺へ、そして糸状の麺とするのか帯状か、あるいはまるめて蒸しパンか焼きパンか、いずれにしても素材と道具、そして技能を含むテクノロジーが課題となる。

素材の小麦粉にしても、グルテンを多く含む強力粉はパンやこしの強いラーメンに、薄力粉は菓子類に利用される。この素材にも地域的個性がある。

食のグローバリゼーションはいつでもどこでも同じ味を保証するが、イタリア生まれのスローフード運動は、食は地域文化として、地域の食材と調理法で対抗するのである。(6) 地域の食を再評価していきたいものである。

承天寺にあるうどん発祥の碑

豚

豚肉を好んで食す国はなんといっても中国である。小説『香港』で直木賞を受賞した台湾出身の作家、ジャーナリストでもある邱《きゅう》永漢《えいかん》は「豚肉と中国人との関係は米の次に重要」[7]と言う。豚好き文化では、泣き声以外はすべて、つまり内臓、耳、足も胃の腑に収めるのである。ところが、豚食をタブーとする地域もある。イスラム教、回教、ヒンズー教などを奉ずる文化圏である。日本列島でも牛肉や鶏肉に比べると、豚食の好き嫌いは個人差の大きい領域である。

どうやら、豚の発するイメージが好悪の感情に大きな影響を与えているようである。豚の体型はズングリ・ムックリで、動きは鈍く、鳴き声はもう一度聞きたいものではなく、とすると軽薄短小という時流のモノサシでは好感度は期待できない。人も豚も外見だけで判断してはいけない、とすれば豚のどこに目をつけようか。

豚の凄みはエネルギー効率の高さである。つまり単純化していうと、食べたものが身になりやすいのである。私の姪で「痩せの大食い」と顰蹙を買っている者がいるが、豚は食べたものが身になるわけで、きわめて経済的な動物なのである。

試みに子豚と子牛の成長度を比べると、ともに同じ体重を増加させるのに豚は牛の三分の一から二分の一の飼料で足りる。しかも豚を食するに捨てる部位がないのである。

そうはいっても、食に供するにあたっての難点がある。体内に寄生虫をもつことがあり、調理においては十分に火を通す必要がある。短兵急に食をとろうとするにはやや不向きといえる。

手間ひまをかけた豚料理の一品といえば、豚の角煮がお勧めである。中国では東坡肉《トンポーォヨッ》と呼ばれる。(8) 沖縄ではラフテーと呼ぶが、鹿児島や長崎などの中国料理の影響をもつ地域でも食すことができる。三枚バラの肉を何度も水を取り替えながら脂肪分を除き、下処理の終わった肉に泡盛あるいは焼酎と黒砂糖を加えてじっくりと煮こむ。重厚な旨みとプリプリした食感の妙は絶品である。

ラフテー

沖縄などの南九州地方は豚食を好み、黒豚など肉質の優れた豚を飼育しているが、以前は飼うにも飼えなかった。豚の食は人間と同じ内容であり、食料が競合するからである。サツマイモの伝来は人間の食料事情を好転させ、またイモで豚を飼育することが可能となった。

健康な豚は美味かつ食する人間の体にもよい。

ＥＵ（欧州連合）は、二〇〇三年一月から施行されている「畜産動物の福祉に関する法令」によって家畜の健康づくりを進めている。とくに、神経質な豚に清潔でより快適な居住環境を提供しようというものである。豚舎ではいつでも食事できること、最低の照度を定め昼間の明るさを保つこと、騒音は基準を定め静かさを維持することなど、細かな基準が示されている。ＢＳＥ（狂牛病）や鳥インフルエンザ、食材のダイオキシンなどの化学物質汚染など、食の安全性を問われる問題は人の健康にかかわり、とくに家畜の生活環境の整備が急がれているのである。家畜の福祉を推進するためには、豚舎などの環境を整備するだけでなく、化学的飼料を避けるなど、飼料についても配慮が必要である。そうすることによって、人間と家畜を含むエコロジカルな循環を導くことができる。つまり、家畜の糞尿や骨粉は堆肥として、また野菜屑や木枝などは堆肥系として活用されるのである。

汗腺をもたない豚は水も木もない環境では生活できない。豚は木陰のある森林と水浴び用の池など、豊かな自然環境を必要としている。[9] 豚は水を愛し森を愛し、自然とともに生きる自然環境保護のインストラクターなのである。

ゴーヤー

沖縄の暑さはその地に住むものでないとわからないらしい。その暑さのほどは、食で表現されてみると感覚的に響いてくる。真夏のだれしもが不機嫌な昼どき、さて沖縄の代表食、ゴーヤーチャンプルの登場である。

「一刻も早くバテ気味の体に喝を入れたい、ゴーヤーの成分をすみやかに五臓六腑に行きわたらせたい」。そして、クソ暑さに消耗しつつある体に向かって、ゴーヤーの「七〜八切れほどをグイッと箸でたくしあげて、エイヤッ！とまとめて口に放り込む」のだ。まさにその苦味を胃のなかから喜ぶのである。

続きは『沖縄大衆食堂』(10)をお読みいただくことにして、このゴーヤーの素性について語らねばならない。

沖縄でいうゴーヤーは、一般にはツルレイシと呼ばれている。または、ニガウリと呼ばれることが多い。

ゴーヤーはツル状で成長し、七〜八月の暑い時期に収穫して食す。収穫せずに放置しておくと赤く熟すが、食すのは濃い緑の若い時期である。表面はレイシ類特有のイボ状の突起で覆われており、手に取りつつもどう食すのか悩ましい形状である。

そして、ゴーヤーのこの苦味、それでも品種改良でまろやかになったというが、どう調理するか頭を抱えるところである。ここで沖縄料理の知恵と伝統が生きてくる。

チャンプルがその代表である。豚肉、ゴーヤー、それに島豆腐で炒め合わせる。味つけは塩・胡椒とカツオのだし汁である。島豆腐は大きくて水分が少ない。チャンプル料理に欠かせないが、とくにゴーヤーとの出会いはその苦味を和らげ、旨みを引き出して貢献している。

ゴーヤーは南アジアが原産、豚と豆腐は中国大陸、チャンプルという炒め料理の調理法も中国料理から、というように海路での交流が沖縄の食を育てている。食材の量と質とともに調理

ゴーヤーチャンプル

の方法如何が、ゴーヤーを持続的に食卓に載せることができるかどうかの鍵を握る。その点で、一五世紀の中国の冊封《さくほう》使節に対する接待は、琉球王朝にとっては多大な出費ではあったが、食文化の交流と中国料理の調理法の導入において大きな意義をもつものであった。

沖縄料理の三つの基本型は、チャンプル（炒め）、イリチー（炒め煮）、ンプシー（煮つけ）である。面白いことにカタカナ表記で、しかも言葉からは内容がまったくわからない。南方から移住してきた人たちが調理法とともに言葉を持ちこんだのだろうか。

沖縄の人にとっては食は薬である。どうやら、ゴーヤーも薬として食しているらしい。食後に言う「クスイナイビタン」の「クスイ」とは薬のことで、「薬になりました」を意味する。食を体をつくる薬として組み立てるのは、中国の薬膳の影響だろう。

ゴーヤーチャンプルの、豚肉はビタミンB_1、ゴーヤーはビタミンC、豆腐は植物性たんぱく質、それにカツオ節である。見事な栄養のコンビネーションである。

人間の体は甘味には向かっていき、苦味や酸味は避けようとする。苦味は毒物を、酸味は腐敗を、古来よりの失敗の学習を感覚のなかに記憶させてきたのであろう。その苦味を調理によって克服し、食して体内に取りこむのである。(11)

島嶼国家が独自に築きあげた琉球文化の一端をのぞき見る思いがするのである。

ノウサバ

松本清張の長編の推理小説に『時間の習俗』がある。この小説、朴訥とした筋立てが面白いのだが、ストーリーは北部九州の村と祭りを舞台に展開する。その舞台の一つに玄界灘に面する鐘崎《かねざき》が登場する。いまでは小さな漁村であるが、古代史に登場する港であり、宗像《むなかた》大社の北東約六キロの地に位置する。

長崎福三によれば[12]、日本の沿岸漁業は、黒潮や対馬暖流に沿うように、西から東へ、南から北へと海を拓いてきたという。その原動力が海部の民である。大分県の南部に海部郡があり、宗像郡の鐘崎もその一つである。

さて、この村の正月料理の一つに、「ノウサバ」という食材がある。「鐘崎数の子」ともいう。この名前から食材の内容を想像できるだろうか。これはホシザメというサメを干したものである。背開きにしたサメを、一二月の塩を含んだ寒風につるして乾燥させる。調理するには、これを水にもどして、醤油・砂糖・味醂・酒で味つけをする。こりこりとした数の子の食感を特徴としている。

一〇世紀前葉に編纂された『延喜式』によれば、朝廷に納めた税のなかで鐘崎は大島と並んであわびやなまこを特産とし、日本列島のなかでも海人《かいじん》漁が盛んであった。しかも、熨斗《のし》鮑《あわび》、煎《い》り海鼠《なまこ》の加工技術は群を抜いていた。魚を干す技術にも長けていたのであろう。この海人の伝統は江戸期でも看取できる。

一八五三（嘉永六）年、宗像郡の庄屋吉田家の「家事日記帳」[13]に豪華な料理の献立が残されているが、そのなかになんと「ノフサバ」とある。吉田家と鐘崎との距離は約一〇キロ程度であり、常に新鮮な魚が提供されたという。ついでながら、この当時の肉食の実情も知ることができる。鳥類では、鶏、卵、小鳥、鴨、鳩、鶉、の六種。肉類では、鯨、兎、猪、狸の四種である。牛豚が含まれていないのに注目したい。そして、卵料理が多いのには驚かされる。たとえば、当時江戸の定番「卵ふわふわ」や「卵厚焼き」そして「卵すりくずし」などが接待の膳に載せ

ノウサバ

られている。

先に、海人と書いた。海人は海を母とし魚を父としていた。水深一五メートルを窒息間際まで一気に潜って獲物を探す。男は深い海、女は浅い海に潜る。一家を乗せた船を自由に操り、魚を捕り食し、漁場を渡り歩き、航路にも長じていた。列島の長い海岸線を南北に渡って交易もしていたであろう。海人としての捕獲と加工技術を元手とした出稼ぎや移住も盛んであった。対馬の曲《まがり》、壱岐の小崎そして能登の輪島などへの移住が江戸期の初頭まで続けられたのである。

海人は船でどこまでも航海できた。その海域の広さは万葉の時代でも実証されている。

「大君の　つかはさなくに　さかしらに　行きし荒雄ら　沖に袖振る」

宗像村の海人で荒雄《あらお》の友人、津麿《つまろ》に対し、対馬に食料を運ぶようにとのお達しが届く。津麿は、高齢だったのだろうか、志賀村の「白水郎《あま》」荒雄にその仕事を頼もうとする。荒雄は「われ郡《こほり》を異にすといへども船を同じくすること、日久し」として、その申し出を「義」として快諾し、海路肥前松浦の「美弥良久《みみらく》」に船を停め、一気に対馬を目指したが、難破し帰らぬ人となった。荒雄の死を悼み『万葉集』に一〇首の歌が遺されている。

海人は同族の契りを超えて、同職の仲間との連帯のなかで死さえも厭わなかった。その義が歌を介して今日に伝えられている(14)。

南蛮漬け

九州とヨーロッパとの交流はどこで、と問えば直ちに「長崎」と返ってくる。それほど海外への窓口としての長崎の印象は強烈であるが、江戸期の鎖国までは九州東海岸でも国際交流は華やかであった。渡邊晴見の『豊前地方誌[15]』が貴重な資料を提供している。それによれば、豊前市の三毛門《みけかど》地区は「三毛門ガラウリ」（カボチャ）が特産であるが、その種は、およそ四六〇年前の一五四一（天文一〇）年にポルトガルから伝えられたもので、当時の豊後府内（大分市）を訪ねたポルトガル人が持参したという。当時の豊後には、国際交流推進派キリシタン大名の大友氏が座っていたため、南蛮船がしばしば渡来した。その記録が度重なる戦禍のなかで焼失され、交流の模様を描写できないのはじつに残念である。

ポルトガル人の来航禁止、オランダ人の出島移住（一六四一年）、これで鎖国が完成する。これ以降、出島がオランダを介したヨーロッパとの窓口となる。また国内では長崎の異国食が江戸へ、江戸の和食が長崎へ、という具合に人の往来にともない食が交流された。

久留米藩の料理人日高三蔵は江戸屋敷勤めで、茶会の催しでは会席膳の指揮を執っていた。彼の料理書『料理秘伝・料理秘録』が一八〇五（文化二）年に出されているが、そこに載せられた「南蛮酢」が面白い。海野岩美著『江戸期料理人の記録』[16]の現代訳に拠りながらその調味法を紹介しよう。

「南蛮酢　酢を六分、古味醂酒四分、そして醤油三分、これに魚の骨を入れて煮返して冷やして用いる」

味醂酒の代わりに砂糖を使うこともあった。酢に甘みをつけて調味料とする、ここに当時の南蛮酢の新しさがあった。砂糖は高価であったが、この時代には調味料の一つとして使われるようになっていた。

江戸で開発された御膳が殿様にともなって久留米に里帰りし、郷里でも食されたことであろう。現在でも、九州には「南蛮」を冠する食がある。たとえば、福岡県筑後地方と佐賀県南部には「鮎の南蛮漬け」があり、筑後川流域では「エツの南蛮漬け」が食されている。長崎市には正月料理の一つとして「紅さしの南蛮漬け」がある。いずれの南蛮漬けも、魚の旨みを丸ごと賞味しようというわけである。

南蛮という冠はないものの、甘酢を用いた調理に「アチャラ漬け」というものがある。福岡市を中心とした北部九州で食されている料理である。ナス、ウリ、ゴボウ、ニンジンなどの野菜を一口大に切って軽くゆでておく。干しシイタケと昆布を合わせた甘酢に、下ごしらえした野菜を一晩漬けた後に食す。

「アチャラ」という言葉の由来には諸説がある。

①海の向こうを「アチラ」というが、なまって「アチャラ」となった。

②ポルトガル語の「ACHAR」（=漬物）に由来する。

③漬けた物を指す「アチャール」というペルシャ語に由来する。

いずれの説も実証は難しいが、アチャラ漬けはおよそ五〇〇年前の南蛮の調理法を伝えているようである。南蛮と直裁に言わずに、アチャラと称したのは婉曲を求めたおしゃれ心であったのかもしれない。

サツマイモ

サツマイモは、ジャガイモなどとともに、コロンブスが一五世紀末に南米からヨーロッパへと持ちこみ、アジアにはスペイン船で運ばれてきた。どちらもポテトであるが、サツマイモは甘いためにスイートポテトと呼ばれた。ヨーロッパではジャガイモが、アジアではとくに中国・韓国・日本にサツマイモが定着した。

食す方法がなければ新しい野菜は普及しない。筑前福岡藩士の貝原益軒の『養生訓』[17]は一七一三（正徳三）年の作であるが、すでにサツマイモの調理について内臓の弱い人に指示を与えている。「うすく切ってよく煮て」、醤油か味噌で味つけして、食す。また、「サツマイモの茎に熱湯をかけて日にほす」とよい、という。青木昆陽が『蕃薯考』を徳川吉宗に差し出して、サツマイモの普及を迫ったのが一七三五（享保二〇）年のことであるから、福岡地方はサツマイモを食した先進地であった。

九州では多くの地域がサツマイモを基本食の一つとしてきたが、長崎地方ではとくに着想豊かな食べ方が目白押しである。「かんころもち」は、サツマイモともち米を合わせたほのかな甘みのある餅である。「がね揚げ」は、細く切ったイモをまるくそろえて揚げたもので、カニ（＝がね）の形に似ていることからその名がついた。

もう一つ、島原地方の行事食「ろくべえ」は落とせない。この地方では、サツマイモは「といも」（唐芋）と呼ばれるが、基本的には三つの利用法がある。一つは生いもとして、二つめは切干し（いも粉）として、三つめは澱粉である。「ろくべえ」は切干しいもを製粉し、その粉を保存、活用するものである。

サツマイモの粉を湯でこねてだんごをつくり、それを「ろくべえ突き」で押し出し、これを蒸す。黒っぽくなればできあがり。だし汁につけてうどんのように食す。天保の大飢饉（天保四年）の時に名主の六兵衛が考案した保存食で、いまも当時を偲びこの名が伝えられている。(18)

サツマイモは、この列島には長崎の平戸と鹿児島に伝えられた。いずれも一七世紀のことである。一七三二（享保一七）年の飢饉では多くの餓死者が出たが薩摩藩は甘藷を備蓄している故に被害軽微であった。吉宗は昆陽に甘藷栽培の普及を命ずるが養生所の試作がおもわしくなく、薩摩の人に教えを受けたという。飢饉に備えて寒冷の地までサツマイモの栽培を努めたのはいうまでもない。鹿児島では唐芋というが、これ以降、サツマイモが名称として固定する。

サツマイモは飢饉のためだけの食材ではない。栄養学的にみても優れた食材である。農産物開発の最前線を行く九州沖縄農業研究センターの資料に拠りながら、栄養学的な面と品種改良について紹介しよう。

サツマイモの基本的な特性は、穀類的特性と野菜的特性を兼ね備えていること、つまり、炭水化物が多く、高水分でミネラルや食物繊維が豊富であること、にある。

サツマイモの将来動向は、ヘルシーおよび食としての旨みのニーズに応えることである。研究センターは、とくに紫いもなどのビタミンやミネラルを多く含む品種の改良、および「すいおう」などの茎葉利用品種の開発に取り組んでいる。

サツマイモは基本食そして栄養食としての機能を併せもつ貴重な野菜である。このサツマイモがかつてこの列島の飢餓を救ったように、餓死の危機や栄養失調に苦しんでいる地域に、開発されているサツマイモを送れないものだろうか。

茶種

栄西は一一九一（建久二）年二度目の入宋を終え、平戸を経て帰朝する。帰港地は博多津の西、今津の港であり、ここに屹立する誓願寺に戻ってきたのである。在宋四年三カ月を臨済宗黄龍派虚菴《きあん》禅師のもとで学び、禅の嗣法《しほう》と菩薩戒を受ける。以後、師の号を受けて明菴栄西と称した。

栄西は備中吉備津神社の神官の家に生まれ、一四歳の時、比叡山で落髪受戒した。この神社は仁和寺の所領であり、また、今津の筑前怡土荘《いとのしょう》は仁和寺が所管していた。それが機縁で、誓願寺の創建にあたって栄西が結縁灌頂《きちえんかんじょう》のために遣られたのである。

さて、栄西は帰朝にさいし茶の種を持ち帰った。その種を今津の後背の山、背振山《せぶりやま》に、また博多の聖福寺に、そして京都の栂尾《とがのお》にも植えたという。栂尾の茶はやがて宇治に移植されて宇治茶として名声を博することとなる。

茶は遣唐使の時代に持ちこまれており、鑑真が来朝にさいし団茶《だんちゃ》（粉にした茶を蒸して固めたもの）

を持参したことは広く知られている。ただし、栄西の茶は散茶（粉茶）である。とくに栄西は種を持ちこみ、これを育てようとし、その植栽に成功した。飲むことと育てることを同時に茶の文化として広めたこと、この点に栄西のじつに大きな貢献が認められるのである。

一一九四（建久五）年には聖福寺の建立に助力する。九州初の禅寺の伽藍が、博多湾に沿う松原の緑に映えていたという。後鳥羽天皇より下賜された「扶桑最初禅窟」の額がその山門の頭上に高々と掲げられたのである。

栄西は宋に旅立つ直前にその入宋への思いを綴っている。

平家と源氏との戦いで世は乱れ、それを正すはずの仏法も乱れている。だからこそインドの地でその仏法の再生を学ばねばならない。仏法への理解は人間が鍵を握る。だが、その人間が次第に健康を害し、脆弱となり、体や内臓の五つの器官が朽ちた木のようになって衰えてきた、という。

そこで重要なことは内臓の中心である心臓を健全にすることである。その方法は、「茶を喫すること」だという。体の元を正し、仏法の元を正し、そしてこの世を正すこと、ここに栄西の茶の道がある。茶を植えるとその地が正されるというのである。

『喫茶養生記』(19)にこうある。

「茶は養生の仙薬なり。延齢の妙術なり。山谷之を生ずれば其の地神霊なり。人倫之を採れば其の人長命なり」

栄西は一二一五（建保三）年に入寂。七五歳であった。

彼は一四歳で比叡山に登り落髪受戒している。一九歳の時、延暦寺竹林房の有弁について台教を学んだという。将来を嘱望される若き有能な僧であった。さらに二度にわたり入宋し修行して帰朝している。その輝かしいキャリアで確実に天台宗高僧の階段を上ることができた。しかし、禅の道を歩もうとし、孤高のままで死に際した。

栄西は禅による精神生活を茶によって実現しようとしたのだろうか。それは乱世、何よりも精神界の乱れに対する挑戦であった。その栄西を支えたのは、博多の宋人や町人の財力、そして宗像大社の中央政権への人脈であった。誓願寺、そして筑前の寺に栄西の戦いの記念碑が遺されている。

鍋料理

冬の食卓の定番といえば鍋料理。寄せ鍋、土手鍋、チャンコ鍋などの名が挙げられる。九州も鍋料理は負けてはいない。鶏の水炊き、ふぐちり鍋、もつ鍋、キムチ鍋など、地域の個性豊かな鍋が並ぶ。

この三〇～四〇年のあいだに小川でどじょうの姿を見なくなったが、九州では今日でも家庭で「どじょう鍋」が食されている。まず、どじょうをきれいな水に入れて一日泥を吐かせ、水をきって生きたまま油を引いて熱した鍋に入れる。火が通ったところで身をほぐして野菜類を加えて炒め、たっぷりの水を足す。味噌で味をつけて食す。肉類が手に入らない地域では大切な動物性たんぱく質の補給である。鍋料理には魚、もしくは牛か豚あるいは鶏などの肉類が、主役かだし汁の用途のいずれかで参加する。寄せ鍋などは雑多に煮こむのが特徴だが、水炊きでは肉は鶏だけでだし汁をとり、あとは野菜を加えて食す。

わが列島の人々が牛ではなくて牛肉に初めて出会ったのは明治時代、それは牛鍋であった。明治維新後の東京に牛肉の販売店と牛鍋屋が開店する。岡田哲によると牛鍋の調理は以下のようであった[20]。鉄鍋に牛の脂を引き、角切りの牛肉の両面を、肉汁の出ない程度に軽く焼き、別の器に取る。同じ鍋で野菜を炒めその上に味噌だれを加え、牛肉を入れる。汁が煮詰まってきたら焼き豆腐としらたきを入れる。

この牛鍋は肉煮こみであるが、やがて割り下を使い、味噌仕立ては醤油と砂糖の味つけへと進化する。これは正真正銘の関東版すき焼きなのである。関西版すき焼きでは、割り下を使わずに、牛を食した後に野菜を焼くという。すき焼きの東西食文化の相違はなかなか面白いが、それはそれとして私はすき焼きを鍋料理と認めたいが、審判員の皆様はいかがであろうか。

さて鍋料理で忘れることができないのが、長崎市の崇福禅寺の巨鍋《おおなべ》である。文字通りの大きな鍋で、深さが約一七〇センチ、口の直径が約一九〇センチ、重さがじつに約一一八〇キロという。一六八二（天和二）年に鋳造されたものであるが、時の千呆《せんがい》和尚が発注し、「万人鍋」とも称した。その由来を『日本

崇福禅寺

名所風俗図会』[21]が詳しく伝えている。

それによれば、延宝から天和にかけて災害による不作が続き、民衆は飢餓に苦しんでいた。和尚は自分の書籍や衣類などを売り払い、それでも足りずに寄付を募って高騰した米を買い求めた。その米を鍋で粥とし二〇〇〇人に振る舞ったのである。だが粥を求める人はいよいよ増えつづけ、万人鍋で三〇〇〇人分を用意したものの、一日に五五五〇人が来訪したという。飢餓の人を救った、というので「済貧鍋」と後世の人は呼んだ。

鍋料理には鉄鍋で料理し食したりするだけではない何かがある。古来この列島では、食に際して、一人ひとりに膳が食卓として提供された。いわば、食卓の個人主義である。だが鍋料理は、一つの鍋を数人で囲み、具を鍋から自分の皿に分かち合いつつ取り、輪をなして食すのである。鍋を介して人と人とをむすぶ、造語ながら食卓の「集談主義」といえるのだろうか。この鍋料理の食の形式は、漁師が浜でつくる漁師鍋や中国大陸伝来の卓袱料理の系譜を引いている。

巨鍋

茶粥

禅僧栄西は宋から禅とともに茶種を持ちこみ、博多津の西の港、今津の誓願寺に長くとどまりながらその後背地の背振山に茶を植えた。いまからおよそ八〇〇年以上も前の出来事である。栄西にとって、喫茶は心臓を健やかにし健康を保持するためのものである。

背振山地の近郊では、茶粥が基本食として伝えられている。粥はわずかに塩味をつけるので、これに合わせる副菜が大切である。この地方では「茶粥」「おこもじ」「おから煮しめ」のセットが定番である。

おこもじとは、高菜漬けの油炒めであり、高菜漬けとともに、ゴマ、ちりめんじゃこ、昆布、シイタケなども細かく刻んで合わせる。おから煮しめは、干しエビといもがらをいずれも小さく切って、これにおからを加えて、水と砂糖と醤油少々を合わせて味をつける。この三点セットは一切肉類を使わず、穀類と野菜の旨みを活かしたヘルシー定食である。

さて粥とは、「水だけ見えて米が見えねば粥でない。米だけ見えて水が見えねば粥でない。必ず水と米とが融《と》けあって、柔らかく滑らかで、一つになって分かれないようにならせて、しかる後これを粥という[22]」。

この茶粥にはこだわりがある。さらしの布に緑茶の葉を入れて、茶の香りを煮出す。その煮出した一升のだしに米二合を入れて吹きあがるまで強火で炊く。三〇分くらいでできあがるが、その釜の底を水で冷やして、米の粘りをとる。茶の香りとさらさらの食感にこだわる。肝心な点は水から煮出すことである。家庭によっては、塩、サトイモ、カボチャなどを加えることもある。

茶粥は関西でも食されている。京都山城の話を、『日本の食生活全集[23]』から引証しよう。番茶を煮出した銅釜のなかに米二、三合を入れて炊く。煮あがる直前に塩を一つまみ加えるとできあがり。この地でも高菜漬けを油で炒めて粥に添わせる。

奈良でも茶粥が基本食である。茶粥を「おかいさん」と呼ぶ。ここでは釜に炊いた一升五合の湯に、木綿の「ちゃん袋」に番茶を入れて煮出す。これに洗い米三合を加えて煮る。炊きあがったら塩を加える。餅や冷やご飯に茶粥をかけて食すこともあるが、この点は佐賀地方と同じである。

粥はわが国では病人食とみなされがちであるが、じつは健康食、薬膳食なのである。粥食の伝統は中国、朝鮮では今日まで継承されている。中国のホテルでは朝食のバイキングに必ず粥が用意される。それも白粥である。タイ米のような古米の場合には水は米の一六倍、熱湯から始めて強い火で炊く。

「たかが粥、されど粥」である。こだわりの向こうに文化が生まれる。

佐賀県北茂安《きたしげやす》町に千栗《ちくり》八幡宮がある。そこで行なわれる行事に「お粥さん」と呼ばれる農耕神事がある。二月一六日に祓川の水で粥を炊き、それを神殿に供える。三月一五日に粥開きの祭事を行ない、粥の表面のカビで五穀の作柄や天候を占う。カビを観察して五穀の豊作・凶作を占うというのが、まことに興味深い。粥の祭事は、この近郊の大堂神社、金立神社そして蠣久《かきひさ》神社でも行なわれる。

この佐賀の地に粥食の伝統が継がれているが、粥の祭事も伝えられているのは興味がつきない。千栗八幡宮は吉野の里遺跡のすぐ東に位置し、また禅僧栄西が宋より持ちこんだ茶種を植えた背振山系の南にある。大陸の禅文化が肥沃な穀倉地帯に花開いたのであろう。

占いは、なんとカビと五穀をつなげる。そもそもカビは菌類、五穀は植物、これはまったく別のカテゴリーである。二月中旬の立春時は生き物が眠りから覚める時。占いはこの未知の自然界との遭遇を誘う。ぜひ一度、カビの占いの場に立ち会ってみたいものである。

寿司

祭事や客のもてなしに寿司料理を供することが多い。「ハレ」（＝非日常）と「ケ」（＝日常）という分け方では、寿司はハレの料理に含まれる。とくにハレの時には、楽しく賑やかな雰囲気が求められるが、食はだれにも好まれて美しいものとなると、三味五色を備えた寿司に行き着く。三つの味とは、塩味・酸味・甘味であり、五つの色は黒・白・黄・赤・緑である。この三味五色は食摂取にあたっての栄養バランス、いわばその目安を示している。

九州各地にはそれぞれ自慢の寿司がある。たとえば、鹿児島の酒寿司、宮崎の竹の子寿司、熊本のコノシロ寿司、大分の太刀寿司、長崎の大村寿司、佐賀の須古寿司、福岡のカマス寿司、という具合である。

コノシロ寿司は熊本の県南で伝承されているが、背開きのコノシロに薄塩をして酢でしめ、胡椒とショウガを混ぜ合わせた酢飯を腹に詰めて、一夜味をなじませて食す。その香辛料の使い方が面白い。

もちろん、どの地域でも食される寿司がある。寿司米に、甘口の醤油味で煮こんだゴボウ・シイタケ・ニンジン・サヤエンドウなどを合わせた混ぜ寿司がそうである。地域によっては五目寿司、あるいはちらし寿司ともいうが、混ぜ合わせる具には地域なりのさまざまな知恵や工夫がみられる。巻き寿司やいなり寿司も全国区であろうか。

現在では、保冷車や冷凍車のお陰で生の魚を手に入れやすくなり、魚をネタにした手巻き寿司やにぎり寿司がいつでも家庭で食されるようになったが、山間部であるのに「鯖寿司」を伝統的な特産品とする地域がある。京都が有名である。若狭地域に揚がった振塩鯖を運んで酢でしめるがそこに伝統技がある。大分県の日田も盆地であるが「鯖寿司」を特産とする。

鯖寿司をバッテラということもある。これはポルトガル語でボートを意味している。

寿司という漢字は新しい言葉であり、それまで、すしは「鮨」と書かれてきた。この鮨という文字からは熟れ《な》（熟成すること）、あるいは塩辛が連想される。

甕《かめ》のなかに魚肉を薄切りにして並べて塩を振り、その上に米飯を交互に層になるように重ねていく。これを密封して熟成させる。魚肉が乳酸発酵してどろどろの状態になるが、これがナレスシである。このナレスシは古代から食されてきたが、そのルーツは東南アジアの山岳民族の食にあるといわれている。(24)

やがて馬などの交通手段が発達してくると、鯖に塩を振って籠に納めて早駆けすれば、到着する頃には塩で発酵が始まっている。これを昆布で巻いて旨みを引き出せれば究極の鮨が生まれる。これがナマナレスシである。

江戸っ子は気が短い。鮨の熟成を待てない、というので鮨米を別につくってこれに江戸湾で捕れた魚を載せたが、これが江戸前にぎり鮨の始まりという[25]。

にぎり寿司が国外で大変な評判である。国外ではこれは生食のエキゾチックな食であり、ネタを工夫できさえすれば色彩豊かな寿司となる。カロリーは低くヘルシーでもある。寿司業界では、シャリ（米飯）、アガリ（茶）、ガリ（甘ショウガ）などの特有の言葉を使用してきたが、その業界用語も寿司とともに移出されるであろう。刺身などと同じように、生で食すため、食材や水質などの自然環境に自ずと注意が向けられるようになるであろう。にぎり寿司がグローバルに普及していくことで、和食を基本とする箸の食文化が紹介されることはじつに愉快である。

菓子

菓子は、かつて乾燥させた果実のことだった。故に古代には果子と書いた。その後、中国の点心や茶の湯の影響を受けながら、まずは茶うけやお供え物の高級品として、やがて砂糖が使われるようになると甘いものの代表として多くの人たちに愛されてきた。

江戸時代末の江戸では、すでに子ども用の菓子が売られていた。石川寛子によって紹介されている。[26]

「子供這起《はいおき》て、爺々《とと》、菓子の代《しろ》給へと云ふ、十二三文を与ふれば、是も外《と》の方《かた》へ走《はしり》出《いで》つ」

「菓子」とはいっても、この時代、砂糖は薬として高価だったから、これは砂糖の甘みがない菓子である。

砂糖の伝来は、奈良期に唐僧・鑑真が黒砂糖を持ちこんだ時に始まるが、以来、貴重品として輸入されつづけてきた。珍重されたのは希少であったこととともに、砂糖のもつ効用によってである。まず、糖質によってエネルギーを補充して疲労回復を促進することである。また、脱水の機能がある。つまり、菓子が含む水分を除去することで品質を保持できるのである。たとえば、よく煮詰められた羊羹《ようかん》は合成保存料なしにかなりの期間保存できる。さらに、適度の砂糖の摂取は体調の維持にも大切である。

江戸期の鎖国後は、国外との交流は公式には長崎の出島に限られていた。この時代、砂糖は中国とオランダによって長崎に持ちこまれた。江戸には長崎街道を経由し、京都を経て届けられた。したがって、この長崎街道を「シュガーロード」とも呼ぶのである。ちなみに、中国では一世紀頃にインドからサトウキビが伝えられ、極秘体制のもとで生産と輸出が続けられていた。

江戸期には、この甘い「薬」を求めて多額の銀が国外に流出した。幕府はサトウキビの栽培を試みたが、大規模な成功を収めたのは薩摩藩であった。一六世紀の初めに、奄美大島の直川智が中国の福建から密かにサトウキビの苗を持ち帰り、植えつけたという。薩摩藩は、このサトウキビ栽培をモノカルチャー化して砂糖製造を藩の支配下に置き、藩の重要な財源とするのである。

また、讃岐や阿波などでも砂糖づくりが試みられ、とくに讃岐の上白糖は「和三盆」と呼ばれて、上質の和菓子づくりに欠かせない一品となった。

南蛮菓子や唐菓子も「シュガーロード」の長崎街道を経て、江戸にもたらされた。たとえば『日本名所風俗図会』(27)には、南蛮菓子として「丸ボール」や「カステーラ」などの名が見える。また、唐菓子には、月餅、東米糖《トンペイトウ》など一七種が並ぶ。この街道筋では今日まで菓子づくりの伝統が息づいている。

伝承された「カステーラ」は長崎バージョンに転変する。長崎カステラの基本形は小麦粉と砂糖、それに卵を等分にして焼き上げる。南蛮菓子とはいっても、バターやミルクを使用していない、というわけで、カステラは和菓子に分類されている。その基本形を丸形にしたのが「丸ボール」、現在の丸ボーロである。カステーラは、一〇～一五世紀にスペインで栄えたカスティリャ王国の特産の一つであり、ポルトガル船が長崎に伝え、その由来からカステーラの名を得たという。本家のカステーラは蜂蜜が加えられたが、長崎では卵の割合を多くして、しっとり感と旨みを引き出している。

ところで、自著料理書をもつ脚本家の故向田邦子は、動きのある生活世界を、まるで写真で切り取り印画紙に写しだすよう

カステーラ

に鮮やかに描写する。羊羹とカステーラを取り上げた章句が思い出される。

「端っこが好きなのは海苔巻だけではない。羊羹でもカステーラでも真中よりも端っこが好きだった。（中略）蒸し返しの当てもなく来客にも出せなくなってから子供用に下げ渡しになるのだが、その頃には羊羹色の羊羹の両端は砂糖にもどって白っぽくジャリジャリしている。それがいいのである。

カステラの端の少し固くなったところ、特に下の焦茶色になって紙にくっついている部分をおいしいと思う。[28]」

向田は端を意識させながら、砂糖がやがて固くなり、カリカリした食感を、じつにおいしく諭すのである。

佐賀県の城下町小城地方には、三〇軒余りの和菓子の店が軒を連ね、羊羹の伝統的なつくり方を継承している。国の登録文化財をもとにして「小城羊羹」と称しているが、その伝統性は「蒸し」にではなく「練り」にある。寒天と小豆そして砂糖をよく練りこみ、砂糖で表面を固めた。これが江戸風の伝統である。[29]

小城羊羹

大航海時代の一五～一六世紀に多くの野菜類が持ちこまれ、その後は中国やポルトガル、オランダから砂糖や菓子、そしてさまざまな調理法が伝えられた。こうして伝えられたものは純粋に原型のまままで継承されたわけではない。それは、米を主食とする和食の形態に合わせ、仏教の影響も受けつつ、和食に同化された中華風、洋食風の食として地域に残されたのである。食は常に豊潤なものへと手を加えられながら、文化の層として時のなかで積み上げられている。地域の素材や資源の活用にこだわりつつ、食づくりを日々の営みのなかに取り戻したいものである。

注

（1）『日本の食生活全集42』（長崎の食事）、農山漁村文化協会、一九八五年
（2）大庭康時、松川博一「鴻臚館出土の木簡・年代・トイレ」、木簡学会九州特別研究集会『西海道木簡研究の最前線』、二〇〇六年
（3）鄭大聲『朝鮮の食べもの』築地書館、一九八四年
（4）石毛直道『麺の文化史』講談社、二〇〇六年
（5）石毛直道、前掲書
（6）ニッポン東京スローフード協会編『ニッポン東京スローフード宣言！』木楽舎、二〇〇二年
（7）邱永漢『食は広州に在り』中央公論新社、一九七五年
（8）青木正児『酒の肴・抱樽酒話』岩波書店、一九八九年
（9）マーヴィン・ハリス『食と文化の謎』（板橋作美訳）、岩波書店、二〇〇一年
（10）仲村清司＋腹ぺこチャンプラーズ『沖縄大衆食堂』双葉社、二〇〇一年
（11）日本味と匂学会編『味のなんでも小事典』講談社、二〇〇四年
（12）長崎福三『魚食の民』講談社、二〇〇一年
（13）宗像市『宗像市史』第二巻、一九九九年
（14）司馬遼太郎『壱岐・対馬の道』朝日新聞社、一九八五年
（15）渡邊晴見『豊前地方誌』葦書房、一九八一年
（16）海野岩美『江戸期料理人の記録』新宿調理師専門学校出版部、一九九四年
（17）貝原益軒『養生訓』（松田道雄訳）、中央公論社、一九七七年

(18)『日本の食生活全集42』(長崎の食事)、農山漁村文化協会、一九八五年
(19) 栄西『喫茶養生記』(古田紹欽全訳注)、講談社、二〇〇〇年
(20) 岡田哲『とんかつの誕生』講談社、二〇〇〇年
(21) 長谷章久編『日本名所風俗図会』(「筑前歳時記図記」)、角川書店、一九八二年
(22) 袁枚『随園食単』(青木正児訳註)、岩波書店、一九八〇年
(23)『日本の食生活全集26』(京都府の食事)、農山漁村文化協会、一九八五年
(24) 石毛直道『食の文化地理――舌のフィールドワーク』朝日新聞社、一九九五年
(25) 日比野光敏『すしの事典』東京堂出版、二〇〇一年
(26) 石川寛子編著『論集江戸の食――くらしを通して』弘学出版、一九九四年
(27) 長谷章久編、前掲書
(28) 向田邦子「海苔巻の端っこ」(『父の詫び状』)、文藝春秋、一九八一年
(29)『海路』第3号(特集:九州と菓子)、海鳥社、二〇〇六年

Ⅳ章　薩摩焼酎の時代史

焼酎の評価が大いに高くなり、甘口を好む女性層でも焼酎の愛飲家が増えつづけているようで、焼酎はいまや国民各層の全国的な人気に支えられている。

焼酎をつくっても売れずに、「焼酎」の名前憎し、というのでいっそ焼酎という名称を変えよう、との論議が起こったのはほんの二十数年前のことである。うそのようなほんとうの話であるが、能作家で、『風姿花伝』の著書をもつ世阿弥の言葉に、「返すがえすも、初心忘れるべからず」とある。移ろいゆく時を顧みる機会を得るには、時の流れを切ってみることである。その意味で、回顧とは自省の機会でもあるだろう。

「焼酎」という言葉の初出としては、現在の鹿児島県大口市郡山八幡神社の落書きがよく知られている。一五五九（永禄二）年の普請のさいのものである。

一五五九年は信長が天下統一に向けて兵を起こしはじめ、九州は大航海時代の渦に巻きこまれ、「南蛮人」の往来が盛んであった時のことである。キリシタン大名大友宗麟《そうりん》によって本邦初めての病院が府内（現在の大分市）に開設されたのも、この年である。

焼酎は渡来品である。焼酎は蒸留酒であり、蒸留のための技術と道具、つまり蒸留のテクノロジーが必要であった。海路を幹線とした時代のなかで、山間部の神社で「焼酎」という言葉が使われていたことが、衝撃的である。

さて、Ⅳ章では新聞記事を素材として活用し、時代を明治期まで遡り、そして現代へと立ち返りながら焼酎をめぐる時代の風景を描いてみたい。以下、七つの記事を切り口として、その時々の焼酎を描くことにしよう。

自家用酒醸造の禁止

一八九九(明治三二)年一二月二五日付の鹿児島新聞の一面トップ記事に、「自家用料酒の廃止」という見出しが躍っている。自家用消費のための酒造の禁止法案が、衆議院で一二月二二日に可決承認となったこと、そして論者はこの法を境にして「本県農民の多飲」なる「古来の因習」を捨てて、「勤勉の民」になろうと説くのである。「古来の因習」とは、農作業を終えた後の食卓に焼酎がつけられる慣習を指したのである。その慣習は鹿児島では「ダレヤメ」と呼ばれ、「ダレ」(疲れ)をいやすものである。

自家用酒醸造の禁止が当時どのような規模で、どんな視点で報道されたのかを知りたくて、九州他県の新聞紙面を追ってみたのだが、該当の記事を探せなかった。他県での反響のほどを推測する手立てはないものの、鹿児島県における「古来の因習」を知るものには、この自家用酒醸造の禁止は格別に重大な意味をもっていたのは確かである。

つまり、鹿児島では焼酎を飲むだけでなく自宅で醸造もしていたのである。自家用酒とはいってもだれもが醸造できるわけでなく、穀物を食でなく焼酎の原料に振り向ける余裕のある家庭にしかできない。そこに、焼酎づくりの助人が現れた。南米から東アジアにもたらされたサツマイモは、一七世紀に鹿児島で普及し、焼酎づくりに貢献したことであろう。というのも、明治期の鹿児島新聞にはサツマイモを食さずに、焼酎づくりばかりに向けている、という主筆の繰り言が掲載されているからである。

焼酎の醸造技術は、祖母から母へ、そして娘へと伝承されたのである。女性たちのなかに引き継がれる焼酎の醸し手は「刀自《とうじ》」と呼ばれた。それは味噌、酢、漬物、あるいは醤油などと同じように発酵食品づくりの延長として伝承された、焼酎づくりの技術であった。

微生物の力を活用した発酵食品は、腸内細菌を強め免疫力を高める優れものである。その伝承されてきた発酵食品づくりは消費万能の戦後の生活で失われてしまったが、焼酎づくりの技能の伝承はこの法によって途絶え、家庭のなかの焼酎づくりの風景は消失したのであった。

自家用酒醸造の規制は段階的に進むが、まず一八八〇（明治一三）年に一石（一升の一〇〇倍）以下に醸造制限されることに始まる。一八八二年には免許鑑札制度が導入され、醸造のための納付金が義務づけられた。一八八六年に清酒の自家用醸造の完全禁止、そして一八九六年に自家用料酒造法が制定され、その酒類が濁酒と白酒、および焼酎に制限された。一八九九年には、とうとう自家用料酒造法の廃止という形式で酒造が禁止されたのである。

「ダレヤメ」は鹿児島の食卓文化の一つである。自家用の酒づくりの禁止が意味しているのは、飲みたい者は焼酎を購入せよ、ということである。

焼酎はつくるものから買うものへと転換した。

お金を出して買う以上は、焼酎の質を求めるであろう。家庭での焼酎づくりから販売のための焼酎づくりへと直接に飛躍できたわけではなかった。焼酎の品質管理という重要な課題をクリアしなければならなかったからである。この飛躍を引き受けたのが、醸造づくりの専門集団たる焼酎杜氏である。

一九二四（大正一三）年に加世田杜氏組合が結成され、まもなくこの組合が阿多村酒造杜氏組合と黒瀬杜氏組合に分かれる。俗にいう、阿多杜氏と黒瀬杜氏の始まりである。

杜氏組合結成の基点となった醸造技術は沖縄泡盛に学んだと伝えられている。この杜氏集団は、当時成長しつつあった酒造屋に出稼ぎで雇われ、醸造を担当しつつ、組合内で技術を磨き、酒造業としての産業化に貢献するのである。失われた家庭醸造の伝統は、この鹿児島での焼酎杜氏の技能形成のなかで、薩摩焼酎という地域文化として継承されるのである。

苛税反対の大演説会

時は一九一二（大正元）年九月、少し秋の気配を感じはじめる頃である。一九一二（明治四五）年の七月に明治天皇のご逝去の後、大正天皇が即位し大正時代が始まるが、その年の九月一〇日のことである。鹿児島新聞に、「大演説会」開催の予告が掲載される。主催は鹿児島県実業青年倶楽部、会場はいまはなき中座である。重税に反対し鹿児島税務監督局を糾弾せよ、というのが大会の開催趣旨である。この大会の模様は一二日の同紙で詳細に報告されている。少し紹介してみよう。

「定刻前三時頃より既に公憤に満ち熱血に燃ゆる聴衆は潮のドッとおし寄するが如くと詰め掛け西より東より南より北より中座を中心に一帯の街道は早くも黝ずみ渡ってみえたり……壽引詰めの満員にて更に立錐の余地だになし……」

傍聴する記者の昂奮気味の、感情を抑えられぬ筆の行方が気にかかるが、さて文面はといえば、弁士さながらの臨場感に満ちた筆先である。大会の発言者は一五名で、政財界を代表するそうそうたる顔ぶれであった。それぞれの弁士の発言内容がつぶさに紙面で紹介されている。

当時の地元紙を代表する鹿児島新聞と鹿児島実業新聞は、この月の終わりまで税務当局への糾弾を続ける。しかも、両紙ともども紙面一杯を割いてである。「苛税」とはいってもここで糾弾の的になったのは、税務当局による小さな酒造所の整理・解体である。それはまさに酒税をめぐる文化的・政治的紛争である。そして、県民とこれほどまでに鋭く対決した税務当局の高姿勢の背景には、明治という国家が屹立していた。

　酒税は今も昔も国税である。また、消費税と同じような間接税である。酒税は酒類の価格に載せられて、つまり価格への転嫁を介して、最終的には消費者の負担となる。醸造業者は納税義務者であるので、価格に載せた消費者の負担部分を酒税として納付する。今日の酒税は蔵出し税と呼ばれ、ビン詰めという販売時点で課税される仕組みである。したがって、醸造業者間での酒類取引は桶売り、桶買いといって未納税の扱いとなる。

　それに対して、明治から昭和の初期に至る

苛税反對同盟會

宣言書

鹿兒島税務監督局の管下に於ける税務當局の行動は近來酷烈を極め非理不法ならざるなく、或は法律を無視して燒酎製造業者の既得權を奪ひ、或は人權を蹂躙して無法なる誅求を所得業税の納税者に加へ、…

苛税反對
酷吏排斥　大演説會
一、會　場　中　座
一、開會日時　愈々本日午後正六時
一、辯　士　縣下知名ノ士多數
一、傍　聽　無　料
主催　實業青年倶樂部

△私印盜用

一番の挨拶もなく

鹿児島実業新聞「大演説会」

までは造石税であった。これはつくった酒類の数量（石数）に課税されるもので、つくった量に応じて酒税額も多くなる仕組みである。造石税の場合に増収が期待されるのは、酒類が販売されるかの可否ではなく、まずは醸造石数の能力拡大である。

一八七五（明治八）年以降、とくに一八七七年以降は頻繁に酒税が引き上げられている。明治国家の税収源は土地への課税たる地租と酒税に限られていた。国民の八〇パーセントが農民では所得税は課せられず、株式会社はようやく起業開始したところで、法人税の対象に不向きである。酒税は徴税政策の狙い撃ちにあっていたが、それでも酒税の増収は思うにまかせぬ状況にあった。

自家用酒類の醸造禁止だけでは、税務当局が期待していたほどの税収が確保できなかったのであり、酒税を納付できる醸造業者の育成が不可欠と判断したわけである。醸造業者の選抜のためには、競合する零細の事業所を閉鎖しなければならない。営業している醸造所に酒造を止めろ、というわけだから当然に摩擦は大きくなる。

一八九五（明治二八）年に日清戦争が終結し、一九〇一年にその賠償金をもとに官営八幡製鉄所の創設、そして一九〇四年ロシアと開戦、一九〇五年にポーツマス条約調印。国際的な緊張関係が続くなかで、国内産業の育成や軍備の拡張のために、国庫税収の増加は国家的使命となっていた。自家醸造焼酎という地域文化の継承、という地域的課題を上回る、強力な国家意思を貫徹するなかでの「大演説会」だったのである。

税務官吏は「冷酷峻烈」

一九一二（大正元）年九月における鹿児島での税務当局との対決は、直接の利害者、焼酎醸造業者を超えて多くの業界に拡大していた。一〇日に開催された「苛税反対酷吏排斥大演説会」に先立ち、「宣言書」（九月九日）を公表したのは、苛税反対同盟会であった。その会には、当時の鹿児島市長や鹿児島県議会副議長をはじめ、弁護士会、医師会、そして米穀商や薬種業など多彩で多くの事業者が参加していた。その「宣言書」には鹿児島市民の批判の所在がうかがえる。一文を引こう。

「鹿児島税務監督局の管下に於ける税務当局の行動は近来冷酷峻烈を極め非理不法到らざるなく或は法律を無視して焼酎製造業者の人権を蹂躙して……」

醸造業者に何が起きたというのだろうか。鹿児島新聞（九月四日付）によると、鹿児島税務監督局管内の醸造業者は、一九一〇年の四〇九六戸から一九一一年には一九四六戸にまで減少したという。その減少幅はじつに半減以上である。醸造業者の減少と税務政策との関係が問題化されているのである。

さて、醸造の免許は、自家用酒醸造人員と醸造営業人員と区別されていたが、一八九九年の自家用酒類の醸造禁止を受けて、醸造免許人員が急増する。鹿児島市だけでみても、一八九七年の一〇〇余人から一九〇一年には三六〇〇人にも達している。自家用でだめなら販売用の免許で焼酎をつくろう、というわけだがその醸造意欲の大きさには圧倒される。ところが、一九一〇年を境にして今度は人員数が三〇〇人以下に急降下するのである。この急降下の原因となったのが税務当局の「冷酷峻烈」な政策なのである。

「大演説会」は、醸造業界対税務当局の対決図式が、民間対官吏の対決図式に転回し、前代未聞の巨大な市民運動となったことを示す。当時の言論界では、平塚雷鳥らの雑誌「青鞜」がこの前年一九一一（明治四四）年に創刊されている。一九一〇年には、「週刊朝日」や「サンデー毎日」などの雑誌の発刊が相次いでいた。また、ラジオの試験放送は一九一三年である。民衆は発言の機会を求め、新聞は公共性の中心メディアとして、公論の形成に大きな役割を果たしはじめるのである。

国庫収入は枯渇していた。一八七三（明治六）年に地租改正条例によって地租の税収は国庫の九〇パーセントを超えた。さらに、一八八七年に所得税が創設される。一八九六年に営業税が地方税から国税に移され、一八九九年に法人課税が開始される。税の種類は増えたものの、国庫収入における税収の中心は依然として地租と酒税である。

一八九六（明治二九）年に酒造税則が廃止され、酒税法が制定される。それまで免許税と酒税の二本立てであったものが、この年を境に酒税法に統一されるのである。ただし、このほかに混成酒税法と麦酒税法があり、合計三種類の酒税法が存在した。今日のような酒税法体系になるには、さらに一九四〇（昭和一五）年の税制大改正を待たねばならない。

同じ一八九六年に、税務署が設置した地方の徴税機関を廃止し、大蔵省直轄の機関とする徴税組織の再編成が行なわれた。つまり、徴税の中央集権化である。税の徴収には、公平で効率的、しかも調査権を有する強力な徴税組織を必要としていたのである。

大蔵省主計局が全国二〇の行政監督業務にあたる税務監理局と全国五〇四の執行業務担当の税務署の頂点に立った。そして、一九〇二（明治三五）年に税務監理局は税務監督局と改正される。

鹿児島税務監督局長として批判の矢面に立ったのは、勝正憲であった。福岡県田川郡香春町を郷里とし、町史における賢人の一人、

税務《ぜいむ》官吏《くわんり》の横暴《わうばう》（其十一）

各地に於ける其の實例

之れを怨嗟の聲に聴け

東加世田の暴歴

薩摩婦人の典型（一）

乃木將軍夫人

鹿児島新聞「税務官吏の横暴」

後に衆議院議員となり逓信大臣も務めた。この税務政策での成功以降、酒類産業は国税の所管庁の管轄下に置かれ、酒税徴収の対象として管理されていくのである。

銘柄なしの焼酎広告

一九一二（大正元）年九月五日付の鹿児島実業新聞に、一枡の囲み広告が掲載されている。「醬油・焼酎・泡盛」、そして「中山本店」とある。焼酎と泡盛が醬油と一緒に販売されていること、その醸造元が中山である、とPRされている。今日からみて不思議に思えるのは、焼酎と泡盛に「銘柄」がないことである。今日では、銘柄のついていない焼酎はないし、買う側も銘柄がないと戸惑ってしまう。

「物」につけられた銘柄は、ブランドと呼ばれている。ブランド化は焼酎だけの特徴ではなく、酒・米・醬油・味噌さらに塩などの食品で、そして衣服・靴・バッグなどの装身具に至るまで、ブランド化が浸透している。ブランドの便利さは、同種の多彩な製品のなかでも好みのものさえ特定しておけば、選別が容易なことである。ブランド化こそ、市場における製品「差異化」戦略の基調なのである。

ブランド化の重要な機能は、「名前」と内容との一体性である。したがって、ブランドは製品に対する品質保証の役割も負うのである。つくる側からみると有名ブランド化ができれば、売り上げが安定し収入の不安を解消できる。もっとも、高いプレミアのついた焼酎が「まぼろし」という冠をつけて取引されているが、醸造所の販売価格はほかの銘柄と変わらないので、プレミアつき焼酎が醸造所に付加的な収入をもたらすわけではない。

有名ブランドの購入は消費者に大きな満足感を提供できる。高額でも手に入れたいという消費者が登場すれば、ブランドづくりの現実性が生じる。ブランドは消費者にとっても生産者にとっても、商品を介した自己主張なのである。財の市場は、こうした品質を志向する消費行動とは別に、価格を志向する消費行動がある。現代は低価格に対する志向が強

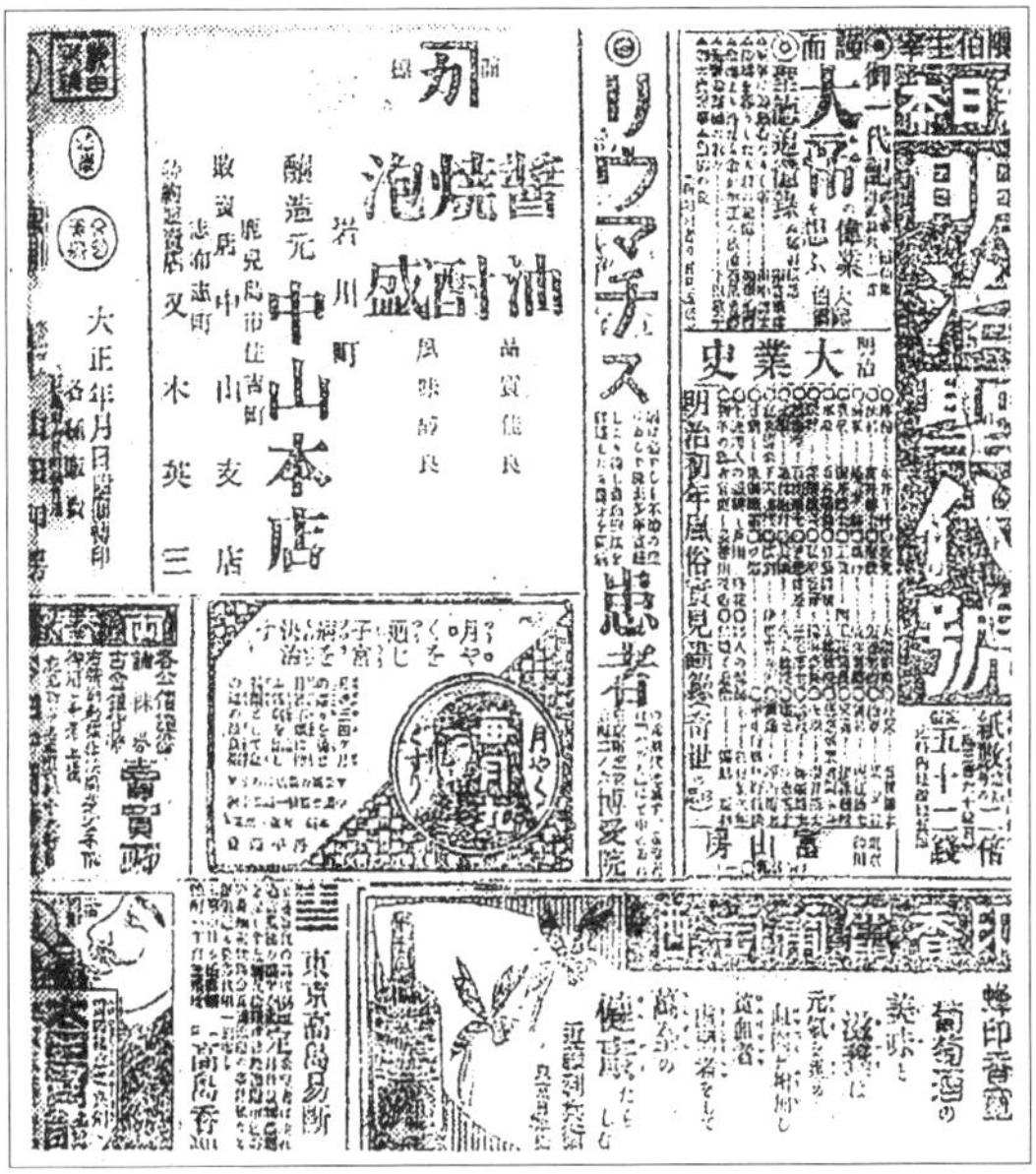

鹿児島実業新聞の囲み広告

まり、グローバリゼーションのなかで低価格競争が過熱している。こうした市場での品質と価格との対照化傾向は、市場のダブルスタンダードである。

ある調査によると、ビールを購入するにあたって最も重視する基準は、という問いに対する回答は以下の通りである。「ブランド」(六二・九パーセント)、「価格」(一三・五パーセント)、「メーカー」(一二・六パーセント)、その他(一一・〇パーセント)である。こうしたブランド志向は、ビールに限らず酒類全般において強まるであろう。消費者にとって、ブランドという情報に代えうる手軽な情報媒体がないからである。

焼酎に関しては、九州が消費量と生産量でほかの地域を凌駕している。その主原料で地域ブランドが形成されている。麦は壱岐・大分、米は球磨、そばは宮崎北部、サツマイモは宮崎南部・鹿児島、黒糖は奄美、米(泡盛)は沖縄。主原料に何を使うかで焼酎の基本特性の香りが決まる。この主原料の基本特性をどう演出するか、表現するかは醸造者の腕にかかっている。

たとえばサツマイモの場合、契約栽培の有機農耕産品を仕入れること、サツマイモは傷みやすいという欠陥があるため、その傷んだ箇所を切り落とす下処理をすること、蒸し米に麹菌をていねいに手でかけること、さらに、醸造や貯蔵は甕ツボで、蒸留器は木製で、水は伏流水で、という具合に醸造過程ではさまざまな工夫が可能であり、最近では焼酎向きの新しい品種のサツマイモの開発が進み、新種の焼酎の出来栄えが期待されている。

食の安全性をめぐる消費者の不信感は、商品に関する正確な情報提供を求めている。市場という匿名性故の無責任性を修正して、品質をめぐる信頼の関係を築こうとする試みである。農産物には価格という情報だけでなく、生産者の名前を表示するものが増えている。こだわりの焼酎の先覚者、森覚志は、焼酎に父の名前「森伊蔵」を借りた。父の名を辱めない、という決意の、退路を断った焼酎づくりである。(1)

この「こだわり」とは、焼酎の品質へのこだわりである。それは、農薬や化学肥料を使用しない有機生産のサツマイモ、伝統的な甕ツボによる醸造、そして紫外線から焼酎を守るための茶色のビン詰めである。さらにビンを和紙で包装し高品質をアピールする。この「こだわり」はコストを上昇させるが、儲けを求めるのではなく、消費者と生産者との一体感を求めるためである。森覚志の生産での立ち位置が先駆的なのである。

焼酎業界にもグローバリゼーションの波が押し寄せている。低価格化を求めて国外での焼酎の醸造は増加するであろう。低価格化の戦略を押しとどめる理由はないが、低価格製品の逆輸入が九州ブランドの焼酎を苦境に追いこむのは避けねばならない。焼酎は食と同様に地域文化を表現するものであり、焼酎づくりはその地域文化を愛する消費者との二人三脚である。焼酎のラベルに原産地呼称を明示するなど、情報媒体として積極的に活用すべきである。

忘れがたき醸造技師たち

焼酎杜氏による酒造組合が結成されたことは、すでに述べた。阿多村酒造杜氏組合規約の「目的」の第四条にこう明示されている。

「本組合ハ酒類醸造ノ改善ト技術ノ向上発展ヲ圖リ酒造法を遵守シ……」(2)

組合はクローズドショップ制を採用して、組合員以外には酒造工としての職の斡旋を禁じていた。また同時に、組合員の技能の研修・研鑽を重視していた。醸造の責任者である杜氏は下働きの蔵子をともなって醸造所に赴く。醸造開始の晩夏から翌年の水田耕作の準備までの、季節雇用である。蔵子は杜氏の指揮下で三～四年ごとに醸造所を三～四カ所と変えながら技能を磨く。醸造所を変えることで、さまざまな醸造環境に対応できる総合的な能力を開発できるのだという。

阿多村酒造杜氏組合に先立ち、その前身の加世田杜氏組合が結成されたのが、一九二四（大正一三）年であった。この年の新聞の見出しに、「県工業試験場に醸造試験室」とある。そのなかにこう記述されている。

「……すべての備へ付けを終れば神戸技師は先ず第一着手として酒および焼酎醤油と水の製品比較に従事すると言っている……」(3)

神戸技師とは、当時の鹿児島県商工技師・神戸健輔である。神戸は一九一六（大正五）年に大阪高等工業学校（現在の大阪大学工学部）醸造科を卒業し、その年福岡県工業技師に就任した後、一九二三年に鹿児島県に移っている。

神戸の手記には、いま一人忘れられてはならない人物の名前が記されている。

「大正一二年は、……工場数三百五十を数へ新式工場としても……相当隆盛を極めていたようでありました。……先輩河内源一郎氏が鹿児島税務署にあって大いに活躍して居られた時でありました。[4]」

河内源一郎は、神戸と同じ大阪高等工業学校を卒業後、大蔵省に入省し、鑑定官として鹿児島税務監督局に赴任する。神戸と河内は同じ学び舎の先輩と後輩として、ともに薩摩焼酎の品質向上に大きな足跡を残すのである。

杜氏組合が焼酎の品質向上を目指すことを目的とし、その実現に二人の技術者が協働できる体制ができた。

二人の功績は杜氏組合の技能研修を支援し、酒造工の能力開発の向上への寄与である。技師の二人は科学的見地において、他方酒造工は醸造の現場での経験から、研修の場では大いに醸造手法について議論が戦わされたであろう。醸造現場での科学知と経験知とのこうした交流が焼酎の品質向上にきわめて大きな意義をもったのである。

どちらかといえば、神戸は工業試験場醸造部を拠点とした醸造業者への技能修得指導に力点を置いていた。杜氏組合はきわめて最先端の組合規約をもっていたが、その結成と合わせて神戸の指導のように思える。それに対して、河内は発酵過程そのものの改善に取り組み、麹菌の開発にエネルギーを注いでいた。

当時のモロミづくりには、清酒と同じ黄麹菌が使われていたが、腐敗・酸敗などの不出来に見舞われていた。河内は一九一〇（明治四三）年頃から黄麹菌を黒麹菌に変えるように指導していたようである。もっとも、先駆者が蒸留技術を学んだのは泡盛の製成工場であったというが、泡盛は黒麹菌で発酵させている。黒麹菌から黄麹菌に移ったのは肺のなかまで黒くなる、と現場で嫌われたからだという。近年では、黒麹菌の香りと甘みが好まれて、この菌を使う醸造所が増えているが、先祖返りともいえよう。

河内は泡盛黒麹菌の研究開発の過程で、黒麹菌の突然変異種の白麹菌の原菌を取り出すことに成功したのである。この菌が河内白麹菌と命名され、今日焼酎のモロミづくりで最も使われている菌である。その発見が一九二四（大正一三）年であった。河内は一九四八（昭和二三）年に六五年の生涯を終えるが、死の床で麹菌を培養していたシャーレを抱いていたという。

黒糖焼酎で奄美の文化を発信する

一九五三（昭和二八）年一二月二五日、奄美群島が日本に帰ってきた。第二次世界大戦後の日本から行政分離されて以来、七年一一カ月ぶりの復帰である。沖縄はさらに遅れて、一九七二（昭和四七）年に日本に復帰する。戦後奄美群島が八年近くアメリカの統治下にあったことは、意外と知られていない。

日本復帰にあたっての最も重要な課題は、生活の安定と産業の振興である。新聞の社説はこう訴える。

「きょうのよろこびのあとにくるのは、いうまでもなく郡民の生活の安定、経済の復興、産業文化の復興ということである。……」(5)

奄美群島は鹿児島県と沖縄県とのあいだに位置し、喜界島は奄美群島のなかで最も本土に近く、与論島は最も沖縄に近い。この二つの島のあいだに三つの島が浮かぶ。つまり、奄美群島は北に喜界島、南に与論島、そのあいだに大島本島（加計呂麻島、請島および与路島を含む）、徳之島と沖永良部島の五つの島からなる。

奄美群島特産の黒糖焼酎は、琉球・中国大陸・シャム（現在のタイ）との海洋文化交流の所産である。琉球では一五世紀に「焼酒」と呼ばれる蒸留酒が醸造されていたので、「秘法」とされていたとはいえ、ほどなく奄美群島でも焼酎の醸造が始まったと思われる。薩摩藩士の名越左源太の記録書『南島雑話[6]』には焼酎の製法が、奄美の言葉では「セヘタレ」と言うが、その工程が挿し絵入りで細やかに記述されている。ただし、主原料としては、サツマイモも黒糖も使われていない。戦前まで、奄美群島でも破砕したシャム米（タイ米）を使って、沖縄と同様に、泡盛がつくられていた。

では黒糖焼酎はいつ始まったのか。この起源を書きとめた文書はないので、聞き取りが頼りである。戦後の統治下で米の輸入が途絶えたので、だれかれとなく麦で麹をつくり黒糖で焼酎をつくりはじめたが、黒糖が地元で手に入ることから郡内に普及した、という。「黒糖で」というと黒糖の酒と想像しがちであるが、まずその誤解を解いておこう。米あるいは麦でまず麹をつくり、ここまではイモ焼酎も麦焼酎も同じであるが、これに黒糖を溶いて合わせて発酵させる点に特性がある。このモロ

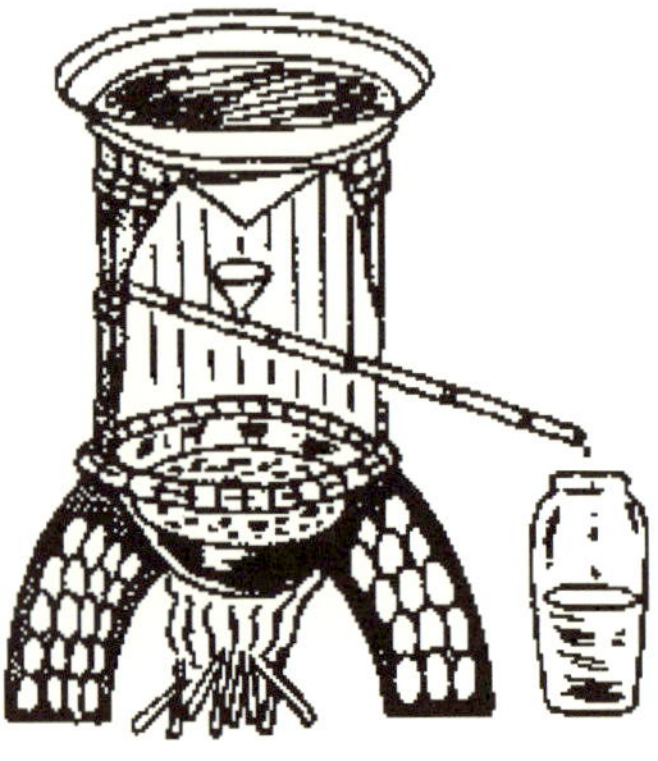

復元された古式蒸留器（カブト釜式）（薩摩酒造明治蔵）

ミを蒸留したものが黒糖焼酎である。

奄美群島だけで黒糖焼酎が特産品として認められているのは、奄美群島の日本本土復帰にともなう特別措置である。なぜなら、酒税法はアルコール度数の高い甲類焼酎を除いて、焼酎の原料に「砂糖きびの搾汁や糖蜜」を使うことはできない、と定めているからである。「酒税法基本通達の全部改正について」において初めて、その例外として黒糖焼酎が挙げられている。

「含糖質物から除かれる砂糖（＝黒糖、引用者）をしょうちゅう乙類（＝本格焼酎、引用者）の原料として使用することは、大島税務署（鹿児島県）の管轄区域内において製造する場合で、当該砂糖と米こうじとを併用するときに限る」

サトウキビから二つの種類の砂糖が製造できる。「分蜜糖」と「含蜜糖」である。前者には白砂糖や双目糖（ザラメ）が、後者は黒糖いわゆる黒砂糖である。黒糖焼酎は、奄美群島の特産として、米麹と黒糖を併用する条件で認められたわけである。

一九九〇年代以降、黒糖焼酎の県外販売量の伸びは著しい。黒糖のもつ南洋のほのかな甘い香りとヘルシーさが愛飲家を引きつけている。とくに、ロックで飲むさわやかさはほかに替えがたい。南の海の透明な青さに引きこまれる思いに浸る。

戦後しばらくは、絹製の呉服「大島紬」が奄美群島の経済を支えたが、紡ぎの技術が韓国に移出されたためもあって、韓国産紬との価格競争の波間で沈没の危機を迎えている。

大島紬に代わって、黒糖焼酎産業はいまや奄美群島経済の基幹産業である。黒糖焼酎は日本列島の先々まで届けられ、奄美の自然・文化・生活・産業の情報を発信できる媒体でもある。この新しい世界に伸びていく未来媒体を情報発信体として活用したい。黒糖焼酎には海洋の青深き濃厚な文化がきっちり詰まっているからである。

ＷＴＯ酒税紛争での敗訴

九州の特産である焼酎が世界の市場を律するＷＴＯ（世界貿易機関）に訴えられた、と聞けば怪訝な思いを抱くであろう。なんとこのか弱き焼酎が先進工業諸国に訴えられたのである。一九九五（平成七）年六月二三日、ＥＵ（欧州連合）は、わが国の蒸留酒における税率が不当に低く、貿易障壁にあたる、として自由貿易の推進を旗頭とするＷＴＯに提訴したのである。

ＷＴＯは「ガット（関税貿易一般協定）」が改組されて、拘束力のともなう機関として一九九五年に発足したものである。この年六月にＥＵが、七月にアメリカとカナダがＷＴＯに提訴した。捕鯨が世界を相手にしての戦いであることは周知のことだが、まさか焼酎が世界を相手に戦いを挑むことになるとは、夢のまた夢であった。提訴の理由は以下の通りである。

「日本の酒税がウイスキーなどEUの蒸留酒を差別し、……日本市場への輸出障壁になっている。」

この年の蒸留酒に関する日本の酒税を円換算して、欧米のものと比較してみよう。どの点が問題にされたかが明らかになるであろう。まず、蒸留酒のなかのウイスキーについての、アルコール四三度一リットルの税額について。わが国では一〇五六円、イギリスでは一二八三円、アメリカでは五〇度で三一八円である。蒸留酒はアルコール度数が高く、欧米では高価であって、食後に飲むものである。しかもストレートで飲む習慣なので一般向きとはいえない。したがって、税額は国によってまちまちである。この点に関しては争点にならない。

ついで焼酎の場合では、甲類二五度の税額一五六円、乙類二五度の税額一〇二円である。ちなみに、甲類、乙類の表現は酒税法によるもので、甲類は度数が高く特性のない焼酎であり、乙類はイモや麦を原材料とする本格焼酎である。とくに、本格焼酎として販売量の多い乙類と洋酒の税額格差が問題とされた。つまり蒸留酒のなかでのウイスキーと乙類焼酎との税額での大きな開きが問題視されたのである。日本は敗訴となり、一九九七年、最終的に一五カ月の期間において酒税率を是正すること、という仲裁をのんだのである。

日本政府は、焼酎は蒸留酒であっても大衆の酒類であり、食事とともに食卓に載せるものであり、税率は低く設定されている、と抗弁したようである。食事とともに嗜む酒類は食卓酒と呼ばれている。焼酎はその意味では食卓酒である。では、同じ食卓酒のビールの税率がわが国では低く抑えられているかといえば、そうでないと断言できる。なぜなら、食卓酒と認められるビールのＥＵでの税率は、わが国と比較にならないほどの低率だからである。グローバリゼーションのなかでの国策の理念や概念を問われるのは、今回のような国際紛争に限らない。日本の酒税の税率の設定根拠を広く世界に向けて公言できないのはさびしいことである。

焼酎にしても清酒にしても、それぞれの地域のなかで生まれ、育てられたものである。その地域産品には地域の資源がさまざまなかたちでかかわっている。また、焼酎をつくることだけが文化ではない。焼酎を飲む酒器や焼酎に合わせる料理、冠婚葬祭での飲食の約束ごとなど、ことによってもその様態はさまざまである。

食卓文化は地域文化なのである。食卓文化を守ることは地域文化を継承することである。ＷＴＯの裁定でわが国が敗訴したことで焼酎の価格が上昇することだけが問題ではない。酒類の税率の設定が徴税政策のみで左右され、そこに食卓文化、つまり地域文化を保護する政策的観点が希薄なのが問題なのである。

このＷＴＯを舞台とした酒税紛争は、市場競争の推進という経済紛争のかたちをとりながら、その内実は文化紛争であった。つまり、食卓文化に関する国の政策が問われたのである。焼酎が今後とも地域のなかで根を張り、食卓文化の継承とともに、地域文化の世界に向けた発信を試みる時、改めて地域文化としての焼酎の歩みに思いを致したいものである。

注

（1）拙著『南のくにの焼酎文化』高城書房、二〇〇五年

（2）組合規約は、一九三〇（昭和五）年に作成されている。拙著（前掲書）に「規約」を収録している。

（3）「鹿児島新聞」一九二四年七月六日付

（4）鹿児島県酒造組合連合会『薩摩焼酎の回顧』

（5）「南日本新聞」一九五三年一二月二五日付

（6）名越左源太「南島雑話」（『日本庶民生活資料集成』第一巻）、平凡社、一九八四年

おわりに

食は日々の営みにおいて、だれにとっても欠かせないものなのに、いざそれを正面から取り上げようとすると難しい。

私事ながら、二〇〇七年一一月に北九州市で開催された第九回西日本国際福祉機器展において「高齢者の食と器」というテーマでのセミナーを引き受けた。食事の援助を必要としている人に、どのような食卓環境の整備が必要か、そのアプローチを探るための、いわばワークショップであった。だが、その目論見は見事に失敗した。調査研究テーマとして掲げた「食」と「器」との関連づけにつまずいたのである。

食卓での援助は一人ひとりの対人なのであるが、場合によっては個々の食ごとに異なる援助方法が必要とされる。なぜなら高齢者の身体状況は個々に異なり、しかも多少の手の不自由があっても茶碗を持ち箸で食を口に運ぼうとするからである。食は箸を使うのであって、匙ではいけないのである。その食文化は、同じ匙で同じ器を使うという類型化とか、普遍化という世界にはなじみにくいのである。「食」は同じであっても「器」はそれぞれに自由でありうるのである。

「高齢者の食と器」のテーマにアプローチするためには、自分なりに学んできたこれまでの食文化研究をいったん整理する必要に迫られたのである。別々の媒体に発表してきた拙稿を一冊の本にまとめながら、食文化について再考する機会を得たのは幸いであった。新聞などへの寄稿であったために資料や説明の不十分なものが多く、初出原稿に可能な限り修正・加筆を加えたものの、なお不十分な説明箇所は残された。いずれその責めを塞ぐ機会を得たいと思う。

初出原稿執筆にあっては、調査先での多くの方々の、資料の提供や質問への丁重な回答が思い出される。この機会を借りて改めて御礼を申し上げたい。

出版文化度の高い築地書館に拙稿の出版をお引き受けいただき、大きな喜びに満ちている。とくに、橋本ひとみさんには構成や仔細な字句の修正に至るまでご教示とご助力を得た。その支えなしには拙稿は出版物として日の目を見ることはなかった。心より感謝申し上げる次第である。

本書の刊行にさいしては、熊本学園大学付属産業経営研究所の出版助成を受けた。

二〇〇九年一月

豊田謙二

参考文献

■薬膳に関するもの

石毛直道編『論集 東アジアの食事文化』平凡社、一九八五年
石毛直道『食の文化地理――舌のフィールドワーク』朝日新聞社、一九九五年
尹瑞石『韓国の食文化』ドメス出版、一九九五年
伍鋭敏、袁永端『薬膳』第二版（伍煌錚訳）、東京書籍、二〇〇五年
周達生『中国の食文化』創元社、一九八九年
高根恵子、今井理恵『食べて治そう！ たのしくおいしい朝鮮料理』わらび書房、一九九九年
鄭大聲『朝鮮の食べもの』築地書館、一九八四年
パン・ウェイ『食養生読本』講談社、二〇〇七年
ヨ・ソルハ『実録 チャングムの誓い』前編・後編（キム・ジェヒョプ訳）、ワニブックス、二〇〇六年

■地域の食文化に関するもの

河野友美『食べものの道』三嶺書房、一九八七年
窪寺紘一『祭礼行事歳時記〈3〉中国・四国・九州』世界聖典刊行協会、一九八九年
豊田謙二監修・共著『九州宝御膳物語――おいしい郷土料理大事典』西日本新聞社、二〇〇六年
仲村清司＋腹ぺこチャンプラーズ『沖縄大衆食堂』双葉社、二〇〇一年

西村毬子『日本見聞録にみる朝鮮通信使』明石書店、二〇〇〇年
長谷章久編『日本名所風俗図会』（「筑前歳時記図記」）、角川書店、一九八二年
南日本新聞社『黒豚物語』南日本新聞社、一九九九年
渡邊晴見『豊前地方誌』葦書房、一九八一年
『江戸時代　人づくり風土記』40〜47巻（福岡・佐賀・長崎・熊本・大分・宮崎・鹿児島・沖縄）、農山漁村文化協会、一九八八年〜一九九九年
『伝承写真館　日本の食文化12』（九州2・沖縄）、農山漁村文化協会、二〇〇六年
『日本の食生活全集』26、40〜47巻（奈良・福岡・佐賀・長崎・熊本・大分・宮崎・鹿児島・沖縄）、農山漁村文化協会、一九八五〜一九九二年

■食文化一般に関するもの

青木正児『酒の肴・抱樽酒話』岩波書店、一九八九年
安達巖『日本型食生活の歴史』新泉社、一九九三年
石川寛子編著『論集江戸の食――くらしを通して』弘学出版、一九九四年
石毛直道『麺の文化史』講談社、二〇〇六年
海野岩美『江戸期料理人の記録』新宿調理師専門学校出版部、一九九四年
袁枚『随園食単』（青木正児訳註）、岩波書店、一九八〇年
岡田哲『とんかつの誕生』講談社、二〇〇〇年
川上行蔵『完本　日本料理事物起源』（全二冊）岩波書店、二〇〇六年

田代和生『倭館——鎖国時代の日本人町』文藝春秋、二〇〇二年
マーヴィン・ハリス『食と文化の謎』(板橋作美訳)、岩波書店、二〇〇一年

■焼酎に関するもの

石毛直道「東ユーラシアの蒸留酒」、玉村豊男編『焼酎・東回り西回り』Ｔａｋａｒａ酒生活文化研究所、一九九九年
鮫島吉広『ダレヤメの肴——焼酎呑んのよもやま話』南日本新聞社、二〇〇〇年
豊田謙二『南のくにの焼酎文化』高城書房、二〇〇五年
野間重光、中野元編著『しょうちゅう業界の未来戦略——アジアの中の本格焼酎』ミネルヴァ書房、二〇〇三年
山内賢明『壱岐焼酎』長崎新聞社、二〇〇七年

■その他

栄西『喫茶養生記』(古田紹欽全訳注)、講談社、二〇〇〇年
江藤敏治『病気にならない本——予防医学へのいざない』大学教育出版、二〇〇五年
岡倉天心『茶の本』(桶谷秀昭訳)、講談社、一九九四年
岡田哲編『世界たべもの起源事典』東京堂出版、二〇〇五年
貝原益軒『養生訓』(松田道雄訳)、中央公論社、一九七七年
川添昭二編『よみがえる中世——東アジアの国際都市博多』平凡社、一九八八年
鬼頭清明『木簡の社会史』講談社、二〇〇四年
清水桂一『たべもの語源辞典』東京堂出版、一九八〇年

舘野晳『韓国式発想法』日本放送協会出版、二〇〇三年
中本正智『図説琉球語辞典』金鶏社、一九八一年
三宅酒壺洞『博多と禅僧』積文館、一九七一年
ルイス・フロイス『ヨーロッパ文化と日本文化』（岡田章雄訳注）、岩波書店、一九九一年

■初出一覧

Ⅰ章　書き下ろし（福岡県立大学「韓医学を取りいれた予防医学、福祉の構築事業」への研究助成による研究成果の一部）

Ⅱ章「焼酎と食のアンサンブル——九州·沖縄」九州国立博物館ホームページ「路地」に2007年８月から月１回で８回連載

Ⅲ章「食の十字路——九州・沖縄とアジア」『西日本新聞』で2007年5月15〜31日付の12回連載

Ⅳ章「新聞記事をたどれば」『南日本新聞』で2005年3月11〜18日付の7回連載

■写真撮影・提供

上間正敦：ミヌダル（p. 66）、イカ墨とアーサ入りかまぼこ（p. 67）、ラフテー（p. 78）、ゴーヤーチャンプル（p. 81）

緒方俊輔：猪掛祭（p. 55）

尾曲芳行：崇福禅寺（p. 96）、巨鍋（p. 97）

佐藤智彦：団子汁（p. 46）、やせうま（p. 46）、鶏飯（p. 60）

鮫島吉広（鹿児島大学教授）：復元された古式蒸留器（p. 130）

水崎浩志：ノウサバ（p. 84）、小城羊羹（p. 107）

松翁軒（長崎市）：カステーラ（p. 106）

その他の写真は、著者撮影

著者略歴

豊田謙二（とよた・けんじ）

1948年生まれ。

1980年名古屋大学大学院経済学研究科博士課程単位取得後退学。

鹿児島国際大学教授、福岡県立大学教授を経て、現在、熊本学園大学社会福祉学部教授・博士。同大学大学院社会福祉学研究科教授を併任。

NPO福祉用具ネット理事長、NPO法人ふくおか自然環境保護協会理事長

食文化などに関するおもな著書に『九州宝御膳物語——おいしい郷土料理大事典』(監修・共著、西日本新聞社、2006年)、『南のくにの焼酎文化』(高城書房、2005年)、『質を保障する時代の公共性——ドイツの環境政策と福祉政策』（ナカニシヤ出版、2004年）など

九州・沖縄　食文化の十字路

2009年3月20日初版発行

著　者	豊田謙二
発行者	土井二郎
発行所	築地書館株式会社
	東京都中央区築地7-4-4-201　〒104-0045
	TEL03-3542-3731　FAX03-3541-5799
	http://www.tsukiji-shokan.co.jp/
組　版	ジャヌア3
印　刷	株式会社 平河工業社
製　本	井上製本所
装　丁	今東淳雄(maro design)

ISBN 978-4-8067-1380-7 C0036